戦争と紛争をなくすには、世界連邦政府を樹立する以外にない

同時に世界の多くの課題も解決される

西村峯満

論創社

戦争と紛争をなくすには、
世界連邦政府を樹立する以外にない

この本で伝えたいこと

アメリカという国に、立法（国会）・行政（内閣）・司法（裁判所）が無かったら、交通事故が起きても、詐欺事件が起きても、傷害事件が起きても、殺人事件が起きても、何も解決されずに争いと混乱の国になってしまいます。アメリカという国は無法地帯になってしまうのです。

これと同じように全世界には、立法・行政・司法が無いために、戦争と紛争は絶え間なく起き、人類を何回でも殺戮できる核兵器がまかり通っているのです。犯罪を犯した者を罰することさえできないのです。まさに世界は無法地帯なのです。

仮に一時的に平和な時代が実現したとしても、立法・行政・司法が無かったら再び混乱の世界に戻ってしまいます。未来永遠に平和な世界を築くためには、絶対に世界連邦政府を樹立して、立法・行政・司法を整え機能させることが必要です。それが実現すれば現在抱えている世界的な難題も速やかに解決されることでしょう。

今こそ、私たちはそのことに気がつき、国ごとに世界連邦政府準備委員会を作り推進していくべきです。是非あなたもこの運動に参加しようではありませんか。

社団法人ピース・ピース・ピース代表理事　西村峯満

目次

［1］

世界連邦政府を樹立することで、全ての問題が解決する

現在の人間の輝かしい文明の陰から、垣間見《かいまみ》えるのは「人類の歴史は戦争の歴史」でもあったということではないでしょうか。

争い・戦いは小さなエリア同士で始まり、次第に拡大して大きなエリア同士の戦いとなり、国内で対立し憎しみ合い、内戦が続きましたが、やがて統一され、法律ができ、立法（国会）・行政（内閣）・司法（裁判所）が整えられると秩序が保たれ、あれほど憎しみ合っていた人々が仲良くなり、現在、一つの国を形成しています。

しかし現在は世界という更に広いエリアにおいて、かつてどこの国でも内戦で戦っていたように、国同士が対立し憎しみ合い、平和な世界は一向に訪れる気配は感じられません。しかし現在の世界は国境をまたいで多くの人々が交流し、様々な国の様々な製品が世界中で売買され、世界中がインターネットで交信されるようになり、益々《ますます》経済活動は盛んになり、音楽・スポーツ・芸術の世界でも交流が盛んで、あたかも一つの国のように結びついています。

ここまで世界の交流が密接になった現在、世界は一つの国の様相を呈しています。世界が一つの国家になりうるとすれば、そろそろ世界の法律を作り、世界の立法・行政・司法を整え、世界の秩序を維持する時代に移行する時が来ているのではないでしょうか。現在はこのような世界の秩序を保つ機能がないために、対立し、混乱して平和な世界が実現できないのです。

そのような秩序を保つ機能がないために、世界的な重要な課題についても遅々として進まないのです。そして何よりもそのような課題を早急に解決しないと、近い将来に取り返しのつかない危機に見舞われることとなるでしょう。そのために一刻も早く「世界連邦政府」を樹立する必要があります。「世界連邦政府」を樹立することにより、人類の大きな課題であった世界平和は速やかに実現され、戦争を起こしたり核兵器を使用することも食い止めることができ、軍隊を解体し多額の軍事費を、平和利用に使うことのできる世界へと移行できるのです。更に人類の重要な課題も必ず解決できるものと確信いたします。以下、そのような課題を改めて認識しながら、「世界連邦政府」の樹立の方法論について解説していきたいと思います。そして「世界連邦政府」を二〇三〇年までに樹立することを宣言いたします。

●貴方《あなた》は石油と天然ガスが、あと何年で枯渇してしまうかご存じですか？　石油や天然ガスがなくなったら、どんな不便な生活が待ち受けているかご存じですか？

●貴方は地球の大気がどれくらい少ないかご存じですか？

●少ない大気に車と工場の排気ガスが廃棄され、大気が汚染されてCO_2がどれくらい増えてきているのかご存じですか？

●CO_2が増えることで、どんな恐ろしいことが起きるのかご存じですか？

●貴方は地球温暖化で、山岳地帯の雪、南極・北極の氷が溶けて、海面がどれくらい上昇してしまうかご存じですか？

●海面水位が上がることで、どんな深刻な事態が起きるかご存じですか？

●貴方はプラスチックが海に廃棄されて、二〇五〇年には魚の量よりもプラスチックの量の方が多くなることをご存じですか？

●人口が増えすぎると、貴方の住む環境がどれだけ汚染され、どれだけの食糧危機を招くかご存じですか？

●ＡＩの普及により、失業者が街に溢《あふ》れ社会不安が高まり、自分もいつ失業者になるかわからないという、不安を感じたことはありませんか？

●人間は、人と人とが殺し合う戦争をなぜ起こすのか、その原因を考えたことはありますか？

●どのようにしたら戦争のない平和な世界が作れるのか、考えたことはありますか？

●人類の未来が余りにも暗い中で、新型核兵器を開発し、宇宙戦争の準備を行い、ＡＩ兵器を開発し、世界中でおびただしい金額が軍事費に費やされていることに疑問を持ちませんか？　この膨大な軍事費を平和利用に使うことを考えたことはありませんか？

●世界の政治家は未来を見通すことができず、紛争と争いと自国の利益しか考えられない、愚かな政治しかできていないことに疑問を持ったことはありませんか？

●中国が世界で一番危険な国であることをご存じでしたか？

私たちは人類が追い求めてきた、便利で快適な文明社会が、もうすぐ崩壊しようとしていることに気がつくべきです。

便利で快適な生活をすることで、地球の石油、天然ガス、石炭などの地球資源が枯渇しようとしています。便利で快適な生活をすることにより、環境が破壊され、プラスチックが海を埋め尽くし、少ない大気に排気ガスを放出し、CO_2を増加させ、温暖化を招いて、海面を上昇させる危険が迫っています。

その一つ一つについて学んで参りましょう。

［2］

地球の天然資源が枯渇してしまう

世界の様々な研究機関の発表によると、石油と天然ガスはあと五十年から六十年（二〇七〇年～二〇八〇年）で枯渇してなくなると予測しています。石炭もおおよそ一一〇年（二一三〇年）で枯渇してしまうと予測されています。

今生まれたばかりの赤ちゃんが、五〇歳から六〇歳になろうとする時には、このような貴重な資源がなくなってしまいます。電気やガス・ガソリンなどのエネルギー源がなくなってしまったら、私たちの生活は立ち行かなくなります。これから生まれてくるであろう子供たちや孫たち・ひ孫たちに、塗炭の苦しみを負わせることになります。石油や天然ガスの埋蔵量が残り少なくなると価格は急上昇し、産業界に大打撃を与え、市民生活は破壊されます。

エネルギー源ばかりではなく、私たちの身の回りは石油を原料とする製品で溢れています。重油、軽油、灯油、ガソリン、家庭用のガス、火力発電の燃料、自動車・船舶・鉄道・航空機の燃料とボディー、電化製品のキャビネット・内壁、冷蔵庫の断熱材、ビデオテープ・MD・CD・DVD、照明器具の笠、住宅の壁材・内装材・床材・カーペット・断熱材・洗面台・浴槽、ポリエチレン容器・ポリ袋・ビニール袋・ポリプロピレン容器・ナイロン容器・食品容器・飲料ペットボトル、衣類、寝具、様々な容器、靴、手袋、ハンガー、ゴルフボール、ヘルメット、自動車・航空機のタイヤ、タイヤチューブ、各種ホース、塗料、洗剤、食品添加物、香料、農業肥料、農薬、医薬品、アスファルト、化粧品など、石油製品の一部を紹介しましたが、ありとあらゆるものが石油から作られています。ガソリンがなくなったらどうしたら良いのでしょうか？　天然ガスがなくなったら私たちの生活はどうなってしまうのでしょうか？　電気が足りなくなったら生活の基盤が崩壊してしまいます。自動車のタイヤが作れなくなったら、車で走ることができません。石油製品が作れなくなった時を想像してみましょう。

朝早く起きて蛍光灯をつけようとすると、蛍光灯の笠がありません。それよりも電線を被覆しているビニールは石油を原料としていますから、全ての建物の配線はできなくなり、全ての電化製品も使えなくなります。電化製品が全て使えなくなったら私たちの生活は崩壊してしまいます。それ以前に火力発電所では電気が作れないのです。太陽光、風力、地熱、バイオマスによる電気にしか頼れないのです。

そういえば着ている下着も化学繊維でできていますから、下着、靴下、洋服も作れないタイプのものが多いのです。木綿だけの洋服になったら、伸縮性がなく着心地・履き心地が悪くなります。衣類全般について困ることになります。水を飲もうとして冷蔵庫からペットボトルを出します。しかしペットボトルを始め、あらゆる飲み物の容器が作れなくなります。トイレに行きたくなりました。でも便器が作れません。そして排水管が作れませんからトイレは使えなくなります。大便も小便もできなくなってしまいます。生きた心地がしません。

食事の用意をするために水道の蛇口をひねります。しかし排水管が作れなくなりますから、食事の用意もできないばかりか、食べた後の食器も洗えません。それ以前にガスが使えませんから料理が一切できないことになります。

会社に行こうとして車に乗ろうとすると、車のあちこちの部品が石油から作られていますから、車の中はスカスカになっています。そしてタイヤも石油が原料なのでタイヤが作れません。それ以前にガソリンがありませんから、交通機関は全てストップして麻痺《まひ》してしまいます。朝の一場面を想定しただけでも、石油を原料とした製品が作れなければ、これだけの大問題が発生してしまいます。

これらの代替品を、再生可能資源で作らなければなりません。再生不可能な資源を使うと再び資源が枯渇してしまいますから、あくまでも再生可能な資源を使い、開発しなければなりません。

これらの開発には気の遠くなるような困難が待ち受けていることでしょうが、便利で快適な生活を維持しようとすると、どうしても乗り越えなければなりません。この開発が成功しなければ、私たちは今から一〇〇年前の生活に逆戻りしなければなりません。

資源枯渇問題をよくよく考えて欲しいのです。航空機は飛ぶことができなくなります。船舶も同様に航行することができなくなります。車も走ることができません。全ての輸送手段が失われてしまいます。途端に世界経済は大混乱に陥り、企業活動のほとんどがストップしてしまいます。

市民生活は、企業活動がストップしてしまいますから、働く職場を失い収入が途絶え生活は困窮してしまいます。私達の生活は根底から崩れ去ってしまうのです。このようになれば大切な家族を守ることすらできなくなってしまいます。また代替エネルギーとして考えられている水素ですが、水素を作るには熱源が必要になり、化石燃料を使うことになりますから無理です。化石燃料の代わりにバイオマスか自然エネルギーとしての、太陽光、太陽熱、風力、水力、地熱が考えられますが、全てのエネルギーを賄うためには全く不足してしまいます。

さらに原子力を使う方法も考えられておりますが、原子力の元となるウランは八十五年分しかないと言われています。しかも使用済みの核燃料は、世界的にも廃棄する場所が不足しており、大きな問題として取り上げられておりますから、原子力で賄《まかな》うことも無理があります。

新たに代替エネルギーが開発されなければ、現在の文明社会は明らかに崩壊せざるを得ないのです。

人類の素晴らしいと考えられてきた文明は、ここで崩壊してしまいます。このような現実があと五十年〜六十年先に待ち受けているのです。今すぐに対策を講じなければ大変なことになります。全人類の知恵を結集してこの大きな難局を乗り越えなければなりません。

経済が崩壊してしまうことを考えると、企業経営者は今こそ立ち上がり、政治家に対策を要求しなければなりません。

このような困難を乗り越えるためには、世界各国が対立し争っている場合ではないのです。核開発費用、宇宙戦争の準備費用、ＡＩ兵器の開発費用、それに世界中全ての軍事費を、このような未来の開発に投入すべきです。自国の利害だけにこだわっている場合ではありません。馬鹿げた対立をしている場合ではありません。人類共通の困難に立ち向かう時を迎えているのです。

このような難題が目の前に迫っているにもかかわらず、世界の政治家たちは一体何をしているのでしょう。自国の利害だけにこだわり、目先のことしか関心がなく、長期的な視野にかけているからに他なりません。そもそも政治家は平和な世界を作り、国民の幸せを実現しなければならない使命を担っています。

世界の政治家よ！　目を覚まして欲しいのです！　このような無責任な政治家に、私たちの運命を託すわけにはいきません。私たち民衆は、民衆の英知を結集して世界の愚かな政治家を再教育して、人類一人一人の幸せを実現させることのできる政治家に、育て上げなければなりません。

地球資源の枯渇問題を考えると、先進国と言われる国々が推し進めてきた近代化とは、地球資源を食い尽くす文明であり、いつか崩壊することを前提にした文明であり、砂上の楼閣を一生懸命に築いてきたことになります。近代文明とはなんだったのでしょうか？　素晴らしいと思い、追い求めてきた文明は、いつか崩れ去る文明だったことになります。一時《いっとき》の夢を見ていた文明であり、素晴らしいと思い違いをしていた文明だったのです。なんと虚《むな》しいことでしょうか。

今ここで、全ての価値観の転換を図る時が訪れています。人類が追い求める真の文明とは、再生可能な資源を使い、ひたすら利便性や快適さを求めるのではなく、またひたすら富を求めるのではなく、人間が幸せに暮らせる生き方を模索して、「一人一人が幸せを享受できる」ことを最高の価値観に据えて、生命尊厳の思想を根底とした社会を作らなければなりません。決して富を追い求めることが人間の生きる目的ではないはずです。自分が生まれた時に両親はどのように願ったでしょうか？「健康で幸せな一生を過ごしてほしい」このように願ったはずです。決して「お金持ちになってほしい」とは願わなかったはずです。

今までは、ひたすら富を追い求める文明に成り下がり、最も大切な「一人一人の幸せを実現させる」こと、「幸せで平和な世界を作る」ことを忘れていたのです。幸せの価値観よりも富の価値観に振り回されてきたのです。

今こそ目を覚まそうではありませんか。世界各国がGDPのような富を競うのではなく、国民の「幸せ度」を競う世界に作り変えなければなりません。それを実現させるためには、現在の富の価値観に汚染された、世界の政治体制を作り変える必要があります。もはや行き詰まった世界の政治に期待することはできません。世界の政治は余りにもレベルが低いのです。私たち民衆が求める平和で幸せな暮らしのことを忘れてしまったのです。私たち民衆の「良識的で賢い知恵」を結集して、民衆が政治をコントロールしていく力を持つ必要があります。

いよいよ人類が心の底から追い求めてきた「幸せの価値観」、「平和の価値観」の総仕上げの時がやってきました。人類が夢にまで見た世界平和が、いよいよ実現する時がやってきました。これを実現させる方法論については後ほど説明してまいります。

［3］

地球温暖化で海面が上昇する

世界中の自動車や工場で、化石燃料を燃焼させるために、大気中のCO_2濃度が高くなり、気温が上昇して高山の雪が溶け、南極・北極の氷が溶け出し、海面が上昇して陸地が浸水するという危険性が高まっているのです。

大気圏は私たちが想像しているほどに広大ではなく、例えば直径五〇センチの地球儀を置いて、大気圏の範囲を表すと、大気の厚さは一ミリにも満たないほど薄いのです。この薄い大気に大量の排気ガスを廃棄することにより、大気は汚染されCO_2が多くなり、太陽の熱を大気内に閉じ込めてしまうのです。そのために地球の温度が上昇することになります。

実はかつての氷河期には、海の水は雪や氷となり地上に堆積し、当時の海面は現在より一五〇メートルも低かったことが知られています。

現在はその陸地の雪や氷が溶けて、現在の海面の高さが定着しているのですが、気温が上昇することで、高山に積もっている雪や氷が溶け出して海に流れ込み、更に南極・北極の氷が海に溶け出して、最大で七〜八メートル海面が上昇する危険性があると予測されています。西暦二一〇〇年頃には、上昇が最大で二メートルを超えるという予測もあります。日本の場合には海面が六〇センチ上昇するだけで、砂浜の八〇%が消失すると言われていますから、二メートル上昇したら砂浜は全てなくなり、多くの海岸線も消失することになり、海水浴もできなくなるばかりか、地図を大幅に書き換えなければならないような変化が起きると予測されています。

世界的に見ても、大都市も田畑も水没することになりますから、なんとしても食い止める必要があります。

IPCC（気候変動に関する政府間パネル）では、余りにも早く温暖化が進んでいるために、二〇一九年に緊急の特別報告書を公表し、世界に警鐘を鳴らしています。今世紀末までに産業革命以前と比較して、平均気温を一・五度までの上昇に抑えるべきとされていますが、四〜五度上昇するという予測もあり、今後どのように推移するのか予断を許しません。世界各国が危機意識を持ち、足並み揃《そろ》えてCO_2削減に取り組むべきですが、世界各国のそれぞれの事情もあり、目標通りに進めることは至難の業ではないでしょうか。

人類の一人一人がエネルギーを節約しない限り、恐ろしい予測を避けることはできないでしょう。

この恐ろしいばかりの水没について、ポール・エーリックとアン・エーリック著、水谷美穂訳の『人口が爆発する』の中で「仮に温暖化によって南極圏西部の氷床の浮遊外縁部が崩れ、海底の浅瀬や島の定着地点を離れてしまったとしよう。これによって、陸から海への氷の移動が加速され、大量の氷が海洋へ流れ込むことになる。ぞっとするような影響が起こるだろう。海面水位は一六フィート（約四・九メートル）から二六フィート（約七・九メートル）上昇し、世界中の沿岸地域は広範に浸水するだろう。激しい嵐による大波がさらに広範な陸地を襲い、帯水層の多くは海水の侵入を受けるだろう」と述べられています。

アメリカ元副大統領のアル・ゴア氏の資料によると、「ニューヨークのマンハッタンが水没するとともに、フロリダの多くが水没し、サンフランシスコ湾も水没し、オランダは完全に海の中です。北京《ペキン》では二〇〇〇万人以上が被災し、上海《シャンハイ》では四〇〇〇万人以上が被害に遭うでしょう。さらにカルカッタやバングラデシュでは被災者は六〇〇〇万人以上に上るでしょう。世界では一億人あるいはそれ以上の人が被災することになる」と警告しさらに「イギリスのブレア元首相の科学顧問は、世界地図を書き直すことになるだろうと予測している」と報告しています。

このような深刻な事態が起きると、世界の多くの都市は水没し、その機能を失い、世界の田畑も水没し、農産物の生産は壊滅的なダメージを受け、人類に深刻な食糧不足が起きることになります。この恐ろしい危機を食い止めるために、私たちは今すぐに行動を起こさなければなりません。

しかし世界の政治は、このような危機が訪れることを専門家が指摘しているにもかかわらず、積極的に強力にCO_2削減を推進する政治家があまりにも少ないのです。地球資源の枯渇問題と同様に、関心が薄く打開策を行動に移せないでいます。このような現在の政治体制に、人類の未来を託すことはできません。

[4]

大気汚染でCO_2が増えていく

海面上昇の原因は、大気中のCO_2濃度が高まるからです。一八世紀の産業革命以降、人類は石油、石炭、天然ガスの化石燃料を使うようになりました。

これらの天然資源は、太古の昔に大量の動植物が地中で圧縮され、蓄積されてできたものですが、これらの天然資源に蓄積されているCO_2が、資源を燃焼させることにより、大気に放出され増えてきました。

大気中のCO_2は産業革命以前の一七二〇年頃に比べ、約四〇%も増加しています。地球温暖化がCO_2増加に起因するためCO_2を増やさないために世界的な取り組みがなされています。

二〇二〇年以降の温室効果ガスの対策として、パリ協定により世界一九〇ヶ国が賛同し、現在一四七ヶ国が締結していますが、その究極の目的は、産業革命以前の二酸化炭素量に比較して、平均気温をプラス二度以下に抑えることとして、プラス一・五度を目標にするもので、二一世紀後半には温室効果ガスを排出ゼロとすることとしています。

しかしアメリカはこのパリ協定から脱退したために、目標達成そのものが危ぶまれており、また今世紀後半に温室効果ガス排出量ゼロということは、化石燃料を全く使わないことを意味します。

しかし二〇七〇年〜二〇八〇年には、石炭を除いた石油・天然ガスは枯渇してしまいますから、ゼロにならざるを得ないのです。そこで当然のように今世紀後半に温室効果ガス排出量ゼロを目指すと言っているのですがその前に化石燃料に替わる代替エネルギーの開発を急がなければなりません。

温室効果ガス排出量ゼロの前に、代替エネルギーが開発できなければ、現在築き上げてきた文明は崩壊してしまいます。このように世界の政治は、将来のことを脳天気に考えているのです。優秀な政治家がいるにもかかわらずです。やはり現在の政治体制を根本から変革しない限り解決はできません。

5

海がプラスチックで溢れる。マイクロプラスチックが世界の海を汚染する！

タイの海辺に打ち寄せられたクジラの胃から、八〇枚以上のプラスチックの袋が出てきました。重さにして約八キロもあったそうです。クジラはプラスチックやプラスチックの袋を餌と間違えて飲み込んでしまいます。タイセイヨウセミクジラの八〇%に綱やロープが絡み付いていたという報告もあります。

カツオドリは巣を作るのに漁網を使い、それが親鳥やヒナに絡みつき命を落とすケースが多いそうです。

ウミガメは飲み込んだストローが、胃を貫通して腸にまで達していることもあり、レジ袋をエサのクラゲと間違えて飲み込んでしまう習性もあり、被害が拡大しているそうです。

また海底に捨てられた漁網にタコやカニが絡まって死ぬとか、ウミガメ、クジラ、二枚貝、ゴカイ、カニなどの二〇〇種類以上に及ぶ魚介類に、プラスチック汚染が確認されています。更にマゼランペンギンは、ストローを飲み込み、胃に穴が空いた例が報告されています。

このようにプラスチックゴミによる、広範囲にわたる汚染が確認されています。プラスチックは石油を原料として、様々な化学物質を加えて合成され、自然界では決して分解されない厄介な物質です。特に五ミリ以下の小さなマイクロプラスチックは、様々な魚の中に蓄積されていき、それを人が食べることになることから、人体への害が心配されています。

プラスチックには、様々な種類の添加剤が含まれており、人体への害が心配されており、更に海水中に含まれる有害物質を吸着しており、西部北太平洋のスジイルカに蓄積されていたPCB（ポリ塩化ビフェニル）濃度は、なんと海水中の一〇〇〇万倍もあったことが報告されています。

また歯磨き剤、化粧品、洗顔料に使う一ミリ以下のマイクロビーズは、排水口を通して海水に流れ込み汚染を招いています。

プラスチックには、ホルモン撹乱《かくらん》物質など一〇〇種類以上の有害な化学物質が含まれています。また海水の中に含まれる残留性有機汚染物質の中でも、皮膚の障害・肝臓の障害・死に至ることもあるPCB、有機塩素系の農薬DDTやその分解物HCHなどがプラスチックに吸着されます。

これらの汚染は、食物連鎖で植物プランクトン↓動物プランクトン↓小さな魚・貝↓中くらいの大きさの魚↓大きな魚へと拡大していきます。

ミッドウェー島のハシボソミズナギドリには、一二羽《わ》全てに〇・一～〇・六グラムのプラスチックが見つかり、このプラスチックの量を人間の体中の重さに譬《たと》えると、六〇グラムと推定され、鶏卵一個分に相当します。また地球上の海鳥の九〇%がプラスチックで汚染されていると推測されています。

英国のスーパーマーケットで売られている全ての貝に、マイクロプラスチックが見つかりました。その他にも東京湾のカタクチイワシや貝、米国・インドネシアで売られている魚や貝にも含まれていました。

プラスチックゴミを多く出している国は、多い順に中国、インドネシア、フィリピン、ベトナム、スリランカなどの途上国です。

対策としては、二〇一八年六月のG7サミットで「海洋プラスチック憲章」がまとまり、二〇三〇年までに再利用するかまたはリサイクルする率を五〇%以上に引き上げ、二〇四〇年までに全てのプラスチックを再利用するように、各国政府と産業界に協力を求めることとしました。しかしG7のメンバーであるアメリカ、日本でさえも署名しませんでしたので、G7以外の国の協力を得るのは難しく、掛け声だけに終わりそうです。

これらの対策は形ばかりであり、プラスチック汚染を本気で解決しようとする姿勢は見られません。何回も言いますが、世界の政治家のいい加減さ、無責任さには呆《あき》れるばかりです。G7で「海洋プラスチック憲章」をまとめたのであれば、多くの国に参加してもらうための詳しい方法論をまとめ、具体的な解決策を見つけ、詳細な計画に落とし込み、強力に推進していく方法が確立されない限り、この難問を解決することなどできないのです。そのような責任ある行為にまで至らないとは、なんという無責任な政治なのでしょうか。現在の政治体制に重大な欠陥があるからに他なりません。この根本問題を解決しない限り、人類は希望を見出《みいだ》すことは不可能です。

[6] ＡＩの普及により、失業者が急増する

人間の知能の素晴らしさは、とどまるところを知りません。次々と技術革新を成し遂げています。ＡＩの普及はその最たるものです。

人間の労力をほとんど必要とせず、機械が何から何までやってくれる日が近づいています。そのこと自体は喜ばしいのですが、間違いなく失業者が街に溢れ、世界各地で暴動が起きるのではないかと心配せずにはおられません。

カリフォルニア州にあるレッドランズ大学ヨハネス・モエニウス教授の調査によると、アメリカのラスベガスでは十数年後（二〇三二年頃）には、六五％の仕事がＡＩに取って替わられると予測しています。

またアメリカ調査会社の予測によると、世界の中で最も早くＡＩが普及するのは人件費の高い日本として、二〇二〇年には全ての産業の三％程度ですが、二〇二〇年代の終わりの頃に二〇％となり、二〇三〇年半ばには三〇％までに伸び、従来の仕事がＡＩに切り替わると予測しています。

このような現象が世界各地で起きてきますが、職を失った人々はどのように生活したら良いのでしょうか？　ＡＩに依存しない仕事も、全ての失業者を吸収できるほど多くはないでしょうから、世界的に抜本的な対策が必要とされ、社会保障制度を新たに作り、救済していく必要に迫られるのではないでしょうか。

理想としてはＡＩを導入しても、従業員を減らすのではなくそのまま維持して、少なくなった労働時間を全ての従業員で平均的に割り振り、少ない労働時間で今までと同じ待遇の給与が貰《もら》えることにより、少ない労働時間で余暇の多い生活へと移行できるようにすることではないでしょうか。

例えば一週間に三日働くだけで、十分ゆとりのある生活のできる給与がもらえれば、休日の四日間はサイドビジネスも自由にでき、または多くの趣味を楽しむこともできます。したがって企業はＡＩを導入したからといって、コストダウンになるという考え方を捨て、従業員全員を少ない労働時間で雇い、経営を行うという新たな考え方をすべきです。この方法が最も理想的ではないでしょうか。

この方法が世界に普及することで、人類全体が人として生まれてきたことに喜びを感じて、楽しい人生を過ごすことができるようになるのではないでしょうか。

またはＡＩに対して付加価値税を取り入れ、その原資を失業者に与えて救済する制度を導入する方法です。このテーマも世界的な大きな課題ですから、世界規模で新たな制度を作るべきですが、何回も指摘しているように、世界の政治体制に問題があるために、世界規模のテーマに対して打開策を模索する動きは見られません。国民を幸せに導くことが政治家の使命であるにもかかわらず、近い将来国民が困難に見舞われることが予見できるにもかかわらず、世界レベルで抜本策が考えられていない現状を見ると、政治家は使命を放棄しているとしか言えません。このような政治家に、私たちの命運を託すことはできるでしょうか？　多くの優秀な政治家がいるにもかかわらずです。その原因は現在の世界の政治体制に重大な欠陥があると言わざるを得ないのです。

　ましてや現在ＡＩ兵器の開発競争が行われているそうですが、なんということでしょうか。まさに殺人鬼の行為そのものであり、核兵器といい、ＡＩ兵器といい、一般民衆の常識では考えられないことが政治家の手によって行われているのです。世界の政治家は大いに反省しなければなりませんが、このようなことを言って反省する人間たちではないでしょう。私たちはこのような政治家を許してはなりません。このような愚かな政治家をコントロールするには、民衆が団結する以外に方法はありません。世界の政治体制が根本から間違っているからに他なりません。世界連邦政府の樹立こそ人類を救う唯一の方法なのです。

［7］

なぜ人は愚かにも戦争を起こすのでしょうか？

戦争は国同士が対立して人と人とが大量に殺し合います。しかしこのような場合には人を殺しても罪にならないばかりか、人をより多く殺した者が英雄として賞賛されます。

平和時には、人を傷つけただけで犯罪人となり罰せられます。ましてや人を殺したとなると、無期懲役刑か死刑に処せられます。でも国と国との戦争では、人を殺すことが許されるのです。許されるだけではなくて、積極的に人を殺す戦いになるのです。この矛盾はなぜ起きるのでしょうか？

では誰が戦争を起こすのでしょうか？　家族の幸せを願う民衆が戦争を起こすことはありません。戦争はいつの時代も権力者が起こすものです。国同士の利害の対立が生じた時に、話し合いで解決するのではなくて武力で対決します。

この時に民衆は戦う武器として利用され、悲しい思いをするのは戦争に駆り出された民衆なのです。戦争を起こすのは独裁者の場合もあれば、民主主義の時代になっても最高権力者の一存で戦争になります。ですから国と国の戦争のように見えますが、実は権力者同士の戦いなのです。

現在の戦いも権力者同士の対立から戦いに移行して、暴力により勝ち負けを決するのです。なんという野蛮な行為でしょう！　したがってこうした権力者に戦争をさせないための「何か」が必要になります。この「何か」が有効に権力者を拘束することができれば、戦争はなくなることになります。この「何か」こそ、世界連邦政府を樹立することです。

［8］どうしたら戦争のない平和な世界が作れるのでしょうか？

戦争のない世界を作るにはどうしたら良いのでしょうか？　それは過去の歴史に学ぶことにより明らかになります。

どこの国でもほとんど、現在の平和な国になる前は、国内で対立し憎しみ合い戦争を繰り返していました。国内の多くの権力者同士が戦っていたのです。ではなぜ今は平和な国になったのでしょうか？

国に法律ができ、立法（国会）・行政（内閣）・司法（裁判所）が作られ、秩序が保たれる基礎ができたからです。人に危害を加えた場合は逮捕され、刑罰に処せられることになりますから、法律を犯すことはできなくなります。

かつては好き勝手に何をしても罰せられなかった最高権力者も、法律ができたことにより法に触れれば罰せられることになりました。初めて権力者を拘束する法律ができ、権力者と言えども法律を犯すことができなくなったのです。このようにして平和な国が作られました。

では現在世界が乱れ平和になれないのはなぜでしょうか？　答えは簡単に導き出すことができます。そうです！　世界の法律がなく、世界の立法・行政・司法がないために、世界の権力者は何をしても罰せられないのです。したがって違法と見なされることをしても、取り締まる法律がないのです。これでは世界が乱れるのも当然です。

現在、多くの国で法律がなくなったらどうなりますか？　当然国は乱れてしまいます。現在世界を統治する政府と法律がありませんから、かつて多くの国が内戦で乱れていた時と同じ状態が起きているのです。

そして世界の国の権力者を拘束する法律ができれば、権力者と言えども違法なことはできなくなります。戦争は権力者が起こすものですから、戦争を起こすことのできない法律を作り、戦争を起こした権力者を厳しく罰する法律ができれば、戦争を起こすことができずに平和な世界を作ることができることになります。

仮に戦争を起こした場合、または核兵器を使用した場合には、最高権力者と閣僚全員は死刑または無期懲役刑に処せられ、さらに全財産を没収するという刑罰があるとすれば、戦争を起こす権力者はいるでしょうか？　核を使う権力者は現れるでしょうか？　決して起こさないと思います。したがって世界を統治する政府ができて、法律が完備すれば戦争と核兵器の使用を食い止めることができるのです。

［9］どのようにして世界の法律を作るのですか？

このような「世界連邦政府樹立」の提案を平和意識の乏しい現在の政治家に話しても、実現することはできないでしょう。それができるくらいなら、とっくの昔にできているはずです。ましてや自国の利益のことだけに執着し、軍隊を持つことを当たり前のこととして容認し、問題が生じたら武力で解決しようとする政治家に、このようなまともな話をしても通じないことでしょう。

現在の世界の政治体制を根本から作り直すことになりますから、このような変化を嫌うことと同時に、自己保身に走り、大きな変化を嫌うことでしょう。それよりも何よりも、このような平和思想を持ちかけても、受け入れられることはないでしょう。それはあたかも世界の多くの国が内戦で戦っている時代に、このような平和を志向する考え方が全く受け入れられなかったことと似ています。

では誰がどのようにして平和を実現させるのでしょうか？　それは世界の民衆が団結して作ることになります。民主主義国家では主権在民ですから、民衆が主体の政治が行われなければなりません。民衆が平和な世界を望むのならば、政治家が実現しなければなりません。しかし政治家は平和意識が乏しく行動に移さないでしょうから、民衆の最大の武器である「投票権」を行使するのです。つまり幸せな生活を維持するために「世界の課題十一項目を解決すること」、また「平和な世界を作るために世界連邦政府を樹立すること」に賛同する候補者だけに投票することにします。

政治家は当選したいがために、民衆の言うことに従わざるを得ません。このような方法を世界の多くの国で同時にスタートさせます。各国で地方議員および国会議員に対して、「世界の課題解決」と「世界連邦政府樹立」の趣旨を伝えて、賛同し一緒に行動する議員にのみ投票することとします。

当然この趣旨に賛同して行動を起こしているのか、監視体制をとり、絶えずチェックします。この段階で行動に移していない議員に対しては投票しません。このようにして世界にはこの趣旨に賛同し行動を起こす議員が多くなり、結果的に「世界連邦政府樹立」が成し遂げられることになります。

そのために「世界の課題解決」と「世界連邦政府樹立」に関する民衆による平和教育運動を世界中に巻き起こし、メンバーを一〇年間で一〇億人作ろうと計画しております。具体的な作り方は後述します。世界で三億人、五億人と増えた段階で、既に世界連邦政府が樹立できる可能性は高いと思われますが、念のために一〇億人と設定しました。このようにして民衆が立ち上がる方法以外には、世界連邦政府の樹立はできないのです。これによりより人類が夢にまで見た世界平和が実現できるのです。それが今この時なのです。

〔10〕愚かなのは政治の世界だけ

前述したように政治の世界では、愚かで馬鹿げたことをしていますが、政治以外の分野では、今や世界はグローバルな展開を見せ、人々はあらゆる国々で交流し、人と人との結びつきはますます強くなっています。また世界各地で生産された様々な製品は世界中に運ばれ消費され、情報はインターネットで世界中、瞬時に広まっています。

そしてミュージックの世界では、多くの歌手や演奏家などは言葉は通じなくても心と心でわかり合え、音楽を通じてより親しい関係を作っています。なぜ国が違い文化も違うのに音楽の世界では混乱が起きないのでしょうか？　その理由は世界共通の楽譜があり、音階、音の速さ、音の長さなどが決められており、音楽のルールがしっかりと決められているからです。またスポーツの世界でも、様々なスポーツの試合が世界中で開催され、敵味方に分かれて戦いますが、仲良く楽しく交流しています。試合の最中に混乱が起きないのは、スポーツごとにルールがあり、レフリーにより違反がないか監視して、サッカーの場合ならイエローカード、レッドカードが用意されて違反した選手を退場させるなど、罰則規定があるために、試合が問題なく円滑に行われるのです。そして経済活動を行う世界の多くの企業も、激しい企業間の競争を繰り広げながらも、平和を保ちながら秩序正しく活動しています。経済活動においても、世界共通のルールが設けられており、問題が生じれば裁判所に提訴して、判決に従うという厳しいルールがあります。

しかし政治の世界、とりわけ権力者に対して、世界統一のルールがありません。そして違反した国や権力者を取り締まり、違反者を罰する法律がないのです。したがって例えば、ロシアがウクライナのクリミア半島を軍隊を使って強引に奪い取っても、この行為に対して抗議して訴えたとしても罰則がありませんから、判決が出ても無視されるのです。まさに力の強い国がやりたい放題です。またフィリピンの南沙諸島においても、中国がフィリピンに何の許可も得ず、勝手に埋め立てて基地を作りました。フィリピンが国際裁判所に訴え、中国が違反しているという判決が下りても罰則規定がなく、中国を罰することができないのです。そして不思議なのは、このような違法行為をしても世界の多くの政治家は非難しないのです。黙っていることは黙認したことになります。不法行為を認めたことになるのです。世界の政治家のレベルはこの程度のものです。このように不思議なことに、政治の世界だけが戦い、争い、いがみ合っているのです。私たちはいつまでも、このままに放置しておいて良いのでしょうか?

本来ならば、国連が政治家を教育して、対立している国同士の話し合いを促進し、融和に向けてリードすべきですが、国連は世界各国のそれぞれの政治体制がそのまま反映される出先機関ですから、国連に解決する力はありません。別の方法で平和な世界を作っていかなければなりません。平和な世界を作るという点に関しては、国連は全くその役割を果たしておらず無力なのです。イスラエルとパレスチナの紛争に対して国連は何ができたでしょうか？　シリアの内戦に対して国連は何ができたでしょうか？　ロシアのクリミア半島略奪に対しても無力でした。中国による南沙諸島の問題に対しても何もできませんでした。北朝鮮の核問題に関しても無力です。北朝鮮による拉致問題ですら何もできないでいるのです。国連には何も期待できないのです。そのために今こそ世界の民衆が立ち上がらなければ、世界の平和を築くことはできません。世界連邦政府の樹立こそ唯一の方法なのです。

[11] 権力者を拘束する法律が必要になる

日本も戦国時代（一四九三年～一五九〇年）には、約三〇〇の小さな国が武力を持って争っていました。しかし今では約三〇〇の国の軍隊はそれぞれに解体され、軍隊がなくても平和な国になりました。でも当時の人々は、軍隊を持つことで自国を守っており、軍隊なしでは平和な国を作れないと信じていたはずです。今の世界の多くの国もこのような考え方に陥っています。

世界の多くの国でも日本と同じように、かつては内戦を繰り返していましたが、今は平和な国家を築いています。かつて内戦を繰り返していた当時では、軍隊を解体することなど考えも及ばなかったことでしょう。それは現在の、「核抑止力」として核兵器で一定の均衡を保っておかなければ平和は保てないという主張から、各国が軍隊を解体することなど全く考えられないことに似ています。それでは、それぞれの国が内戦を乗り越えて、なぜ平和な国を作ることができたのでしょうか？　それは憲法と法律を作り、秩序を保つ制度ができ、秩序を乱したものは罰せられるという刑罰を作り、違反者を厳格に罰するようになったからです。それまでは権力者を取り締まり、罰則を与える法律がなかったために、権力者の好き勝手に何でもできたのです。現に世界の権力者を取り締まり、厳しく罰する法律は存在していません。ですから庶民の願いとは反対に、庶民を苦しめる戦争が起きてしまうのです。世界の秩序を保つための法律を作り、権力者が戦争を起こすことも、核兵器を使うこともできない法律を作り、これを犯した権力者を厳しく罰することができれば、戦争など起きるはずはありません。そのためにどうしても「世界連邦政府の樹立」が必要になるのです。

そして今こそ世界の立法（国会）・行政（内閣）・司法（裁判所）を作り、秩序ある世界を作ることが何よりも大切になります。

[12] 世界の政治家の平和意識が低い

人類は電気を発明し、電化製品を開発し、月に人を送り込み、空飛ぶ飛行機を作り、快適に移動できる自動車や列車を作りました。なんと賢い動物でしょう！

でも、その反面人類の歴史とは、争いと戦争の歴史でもあったのです。その最たる戦いが第一次・第二次の世界大戦で、敬愛する親を亡くし、かわいい我が子を亡くし、親愛なる友人を亡くし、八六〇〇万人もの尊い命が犠牲となりました。この悲惨な戦いの反省をすることもなく、現在も多くの紛争が起きて戦争は続き、人類を何度でも殺戮《さつりく》できるほどの核兵器を保有し、宇宙戦争の時代になり、ＡＩ兵器が開発されています。まさに狂った姿そのものです。半狂乱の狂った野獣のすることです。姿形は人間の姿をしていても、心は悪魔そのものであり、人間として最低の行為であり、このような行為を私たちは決して許してはなりません。

このような恐ろしいことを誰が指示を出して、誰が実行に移しているのでしょうか？　これらの人々はどんな親を持ち、どのように躾《しつ》けられ、どのようにして育てられたのでしょうか？　またどのような教育を受けてきたのでしょうか？　まさに幸せを求める人類の敵そのものです。

このようになぜ戦争は起きるのでしょうか？　どうしたら戦争のない平和な世界を築くことができるのでしょうか？　私は一三歳の時からこの疑問を抱き考え続けてきました。そして七〇歳を過ぎてようやく明快な解答を得ることができました。

戦争は民衆が先頭に立って起こすものでしょうか？　いえいえ、そんなことは決してありません。

戦争はいつの時代も権力者により引き起こされるのです。全ての戦争の原因は権力者により引き起こされるのです。そしていつの世も民衆が犠牲となり、悲しい思いをしてきたのです。

内戦には一定の法則があり、狭いエリア同士の戦いから始まり、次第に大きなエリア同士の戦いに移行していきます。そして最後には、争っていた者同士が仲良く平和に暮らすことのできる、一つの国に統一されていきました。戦乱の世から平和な社会へと移行したのです。どこの国においても同じ傾向を示しています。

そして現在は地球規模の広い世界を舞台にして、国同士が利害の対立により、争い戦う時代に突入しています。

しかしどこの国も、かつては内戦で争い戦った時代があり、平和な国など考えられなかったように、現在の世界も争い戦っている時ですから、平和な世界など実現することは不可能であると、誰でも考えてしまいますが、過去の歴史に学び将来を見通した時に、間違いなく争いのない平和な世界が実現していくことでしょう。今まさに世界統一の最終段階にさしかかっているのです。

しかし過去の歴史と違う点は、現在は余りにも科学技術が進歩して、人を殺し街を破壊する兵器が発達しており、宇宙戦争の準備がなされ、ＡＩ兵器が開発されつつあり、その強力な破壊力のために、一つのアクシデントにより人類が滅亡するほどの危険性が高まっていることです。

人類は今こそ英知を結集して、このような危険なアクシデントを回避して、どこの国ともにこやかな笑顔で握手できる、平和な世界を作り上げる時代を迎えるべきです。私たちが生まれる前から世界の多くの国には軍隊があり、そして人類の生存を脅かす核兵器が存在していました。そしてそれを当然のこととして容認してきたのです。でも冷静に考えて欲しいのです。現代の私たちは、人に肉体的にも精神的にも危害を加えることを固く禁じられていて、それが当たり前の時代に生活しているのです。しかし政治の世界では人を大量に殺すことのできる兵器を持ち、いつでも戦うことのできる体制にあるのです。明らかに私たちの市民生活の常識とは大きくかけ離れています。なんという馬鹿げたことをしているのでしょうか？世界の政治家が話し合い、軍備を段階的に削減し、最終的には軍事費を平和利用に使う世界を作るべきではないでしょうか？　しかしそのような動きをする政治家は皆無なのです。今の政治家にこのようなことを期待しても、軍隊を持つことが国を守る唯一の方法であるという、固定観念に冒されていますから無理なのです。

世界の政治家は、平和な世界を作ることが義務であり責務でもあるのですが、世界の多くの政治家は平和意識が低いために平和な世界を作ろうとしません。自国の利益になることばかりに固執して、全世界を見据えた視点に立てないのです。世界全体のことが考えられないのです。つまり視野が狭いのです。現在の世界は様々に交流し結びついていますから、世界全体が平和でないと自国の利益を守ることができないのです。しかしこのことがわからないのです。

現在の政治家は以前の世界各国がそうであったように、内戦時代の小さな国の利害だけにしか目が届いていなかった権力者の意識に似ています。世界の政治家よ！　貴方たちは一〇〇年前の小さなエリアの価値観をいまだに引きずっているのです。現在は全世界があなた方が活躍する舞台なのです。今まさに世界は一つになっているのです。世界が平和にならないと、自国も平和を維持することは難しいのです。

ロシアのクリミア半島事件、中国の南沙諸島事件、アメリカのトランプによる「アメリカ・ファースト」問題のように、世界の政治家のレベルはこんなものです。このような政治家に、平和を実現させることを願っても、とても無理なことです。平和を願う世界の民衆が立ち上がり、自らが平和な世界を築いて行かない限り、平和な世界は訪れません。

現在の政治家は、自国の利益のみに執着して、自国のことだけしか考えられないのです。世界を俯瞰《ふかん》して「世界を良くしていこう」という意識が全くないのです。あったとしてもその意識は希薄なのです。世界が平和にならない根本の原因は、世界の政治家のレベルが低いことにあります。世界の権力者の平和意識が低いために、平和は訪れないのです。私たち民衆はこのような政治家を再教育して、「人類の課題十一項目」の解決と、平和な世界を作るための「世界連邦政府の樹立」を促していかなければなりません。教育していかなければなりません。

［13］

軍備を持つことが本当に国民を守ることでしょうか？

世間では「核抑止力」があるから平和が維持されていると、もっともらしい説明をされています。しかし本当にそうでしょうか？　よくよく考えて欲しいのです。また多くの国では、国民を守るという理由づけをして、堂々と人を殺す強力な武器を作り保有していますが、この武器は誰を殺すことを想定しているのでしょうか？

アメリカはロシアを敵国とみなし、核兵器をロシア全土に向けていつでも発射できる体制をとっています。ロシアも同様の体制をとっています。アメリカがロシアを標的にするということは、ロシア国民を皆殺しにして街を破壊することを意味します。ロシアもアメリカと同じことを狙っているのです。そうすると両国民は、いつ核兵器で殺されるかもしれないという危険を負わされて生活していることになります。つまり核兵器を持つことが、両国民にとって最大のリスクを抱えることになっているのです。このことをお互いの国民は理解しなければなりません。核兵器を持つことで両国民がいつ核弾頭により攻撃されるかもしれないのです。一方の国が核弾頭を発射すると、お互いに相討ちになり両国が壊滅的な被害を被る危険性もあります。それでも核を持つことはお互いにとってメリットがあるのでしょうか?

一方見方を変えてみると、アメリカ国民もロシア国民も、お互いに憎しみ合っているのでしょうか? そんなことはありません。お互いに仲良くしたいと考えているのです。国民同士は仲良くしたいのに、憎しみ合っていないのに、国家間では憎しみ合い対立しているのです。大きな矛盾を冒していません。国家はそもそも国民の意向に沿って、政策を作り実行しなければなりません。しかし核兵器を持ち、敵国を攻撃しようとする政策は、明らかに国民の意向に反しています。両国民は平和を望んでいます。しかし国家は憎しみ合い対立しているのです。つまり国の権力者が国民の意向に反した政策をとっていることになります。戦争を起こす張本人は権力者ですが、その権力者を選ぶのは多くの政治家と国民ですから、政治家と国民全体が戦争を起こしているとも言えるのです。何ということでしょうか！　権力者が戦争を起こし、その犠牲となるのは多くの国民です。国民は自分たちが犠牲になる戦争を起こす張本人の権力者を、自ら選んでいることになります。自分で自分の首を絞めていることになります。したがって民衆は賢くならなければならないのです。そして戦争を起こす政治家を選挙で選んではならないのです。

核兵器を持つから、軍備を持つから、国民は逆に危険にさらされることになるのです。このように考えると、「核抑止力」という考え方に大きな矛盾を発見することでしょう。したがって平和に導く唯一の方法は、世界が同時に段階的に軍備を削減していき、最終的には軍備を捨て、その莫大《ばくだい》な費用を平和利用することです。人間が賢い動物であるならば、この考え方に反対する理由は何もないはずです。

でも双方の権力者または世界中の政治家は、なぜ話し合いのテーブルにつき、最終的には軍備を減らす方向の話し合いをしないのでしょうか？このように現在の政治家は平和意識がないのです。産業界、スポーツ界、ミュージック界などの政治以外の分野では、トラブルが発生しても仲良く友好的に解決して平和を維持しているのです。このような現在の政治の状況について五〇〇〇年先、一〇〇〇〇年先の未来の人々は、「暗黒の時代」、「恐怖政治の時代」、「地獄の政治家たちの時代」、このように呼ぶのではないでしょうか。

やはりこのような平和意識のない現在の政治家に、私たちの命運を託すわけにはいきません。「世界連邦政府を樹立」して、一刻も早く平和な世界を作るとともに、「人類の課題十一項目」を解決すべきです。

しかし現在の軍需産業をどのようにするのか？　心配になりますよね！　一方各国の軍需産業はどうしたら良いのでしょうか？　国家の指示に従い、今まで国家に貢献してきたはずです。したがって軍需産業については慎重に処遇すべきです。政府の基幹業務を支える重要なその他の産業を委譲することにより、スムーズに軍備を解体させるべきです。このような待遇を与えないと大きな混乱を引き起こしかねません。

14

経済制裁という新しい最強の武器を行使せよ

戦争はなぜ起きるのかを様々な観点から考えてみましたが、諸悪の根源は権力者にあるという結論になります。権力者に連なっているのは多くが政治家ですから、広い意味で解釈すると政治家が悪いということになります。自分たちの選んだ政治家が戦争を起こして、自分たちを苦しめてきたのです。

したがって平和な世界を作るためには、世界の法律を作り、権力者を拘束する必要があります。前述したように、戦争を引き起こしまたは核兵器を使用した場合は、最高権力者および閣僚全員も死刑または無期懲役刑に処して、全財産を没収する刑罰ができたとすれば、戦争を起こしたり核兵器を使用する権力者は現れないでしょう。

たとえ最高権力者が戦争を起こそうとしても、全閣僚が反対することでしょう。いつの時代にあっても、権力者を処する刑罰がないために、権力者の好き勝手なことが許されてきたのです。

ある国の権力者が他の国に対して不法行為をした場合は、国際裁判にかけられて裁かれることになります。当然刑罰が適用されます。しかし判決に従わない場合は、全世界の国から経済制裁を受けることになります。かつては武力で攻撃しましたが、これからは経済制裁という武器を使い、圧力を加え従わせる方法を採用します。このような体制をとることで、世界の平和は維持されることになります。人類は長い間「武器を使用した武力」を行使して戦争を行ってきました。しかしこれからは、「武器を使わない経済制裁」という「平和的な武器」を手に入れることができました。まさに人類の歴史の中で大きな転換点を迎えようとしているのです。

〔15〕アインシュタインの平和への願い

ここで平和を希求する、ある偉人たちの手紙での交信をご紹介したいと思います。

一九三二年、第一次世界大戦が終結して十四年目のことです。国際連盟からアルバート・アインシュタインに対して、今の文明社会の中で最も重要なテーマを取り上げて、一番意見交換したい人と書簡を交わしてくださいという依頼が届きました。

アインシュタインは、二〇世紀を代表する心理学者ジグムント・フロイトを選び、「人はなぜ戦争をするのか?」というテーマを選びました。

その中でアインシュタインは、戦争を防ぐ方法として以下のように言っています。「全ての国家が一致協力して、一つの機関を創りあげればよいのです。この機関に国家間の問題についての立法と司法の権限を与え、国際的な紛争が生じた時には、この機関に解決を委ねるのです。個々の国に対しては、この機関の定めた法を守るように義務づけるのです。もし国と国の間に紛争が起きた時には、どんな争いであっても、必ずこの機関に解決を任せ、その決定に全面的に従うようにするのです。そして、この決定を実行に移すのに必要な措置を講ずるようにするのです」（『人はなぜ戦争をするのか』浅見昇悟訳）

このように、暗《あん》に世界連邦政府の樹立をほのめかしています。そしてさらに「司法機関には権力が必要なのです。権力——高く掲げる理想に敬意を払うように強いる力——それを手に入れなければ、司法機関は自らの役割を果たせません。司法機関というものは社会や共同体の名で判決を下しながら、正義を理想的な形で実現しようとしているのです。共同体に権力がなければ、その正義を実現できるはずがないのです」。このように主張しています。しかしながら「けれども現状では、このような国際的な機関を設立するのは困難です。判決に絶対的な権威があり、自らの決定を力尽くで押し通せる国際的な機関、その実現はまだまだ覚束無《おぼつかな》いものです」。このように国際的な機関を設立することは困難であると悲観的に述べています。

この当時はまだまだ各国の力が絶大で、国民一人一人の力が弱いものであるという時代でしたから、このような悲観論を持たざるを得なかったのでしょう。そしてさらに続けます。「さて、数世紀ものあいだ、国際平和を実現するために、数多くの人が真剣な努力を傾けてきました。しかし、その真摯な努力にもかかわらず、いまだに平和が訪れません。とすれば、こう考えざるを得ません。人間の心自体に問題があるのだ。人間の心の中に、平和への努力に抗《あらが》う種々の力が働いているのだ。そうした悪《あ》しき力のなかには、誰もが知っているものもあります。第一に、権力欲。いつの時代も、国家の指導的な地位にいる者たちは、自分たちの権限が制限されることに強く反対します」。このように述べて、戦争は人間の心の中から起きるものであると指摘しています。この心が原因であるということについては後述します。さらに戦争は権力欲により起こされるとも述べています。

私は前述したように、戦争は権力者同士の対立から始まる権力者同士の戦いであり、国民はそのための戦力として利用され、被害を受けるのは国民一人一人であると指摘してきました。ですから私たち民衆は、権力者と戦う武器を持たなければなりません。権力と戦い勝つために、民衆の持つ最大の武器は、「投票権」であることに気がついて欲しいのです。いつも被害者となる民衆は、権力者と戦い勝利する武器を持たなければなりません。それは民主国家の国民に与えられた唯一の武器「投票権」なのです。でも投票権が分散しては権力に勝つことはできません。そこで後ほど提案するように、世界の民衆が団結して権力と戦う方法が必要なのです。

一方アインシュタインの問いかけに、フロイトは次のように答えます。「人と人の間の利害の対立、これは基本的に暴力によって解決されるものです。動物たちはみなそうやって決着をつけています。人間も動物なのですから、やはり暴力で決着をつけます。ただ、人間の場合、意見の対立というものも生じます。しかも、きわめて抽象的なレベルで意見が衝突することさえあります。ですから、暴力以外の新たな解決策が求められてきます。とはいえ、それは社会が複雑になってからの話です。当初、人間が小さな集団を形作っていた頃は、腕力が全てを決しました。物が誰に帰属するか。誰の言うことがまかり通るのか。全ては肉体の力によって決まったのです」。このように暴力の必然性を認めていますが、「暴力以外の新たな解決策が求められてきます」とあるように、私はこの解答として「経済制裁」という新たな強力な武器を提案しました。

そしてさらに「しかし程なく、文字通りの腕力だけでなく、武器が用いられるようになります。強力な武器を手にした者、武器を巧みに使用した者が勝利をおさめるようになるのです。ということは、武器が登場した時、優れた頭脳や才知がむき出しの腕力を凌駕《りょうが》し始めたことになります。けれども、頭脳を使おうとも、戦争で目指していたことは変わりません。戦いの相手を傷つけ、力を麻痺させ、何も要求できない状態に貶《おとし》めようとしたのです。では、敵を徹底的に倒すには、どうすればよいでしょうか。暴力を使い、敵が二度と立ち向かって来られないようにすればよいはずです。そう、敵を殺せばよいのです」。このように武器とともに戦い方が進化して、より一層人間の残虐性が起こることを指摘しています。

そして結論として「では、全ての人間が平和主義者になるまで、あとどれくらいの時間がかかることでしょうか？　この問いに明確な答えを与えることはできません。けれども、文化の発展が生み出した心のあり方と、将来の戦争がもたらすとてつもない惨禍への不安——この二つのものが近い将来、戦争をなくす方向に人間を動かしていくと期待できるのではないでしょうか。これは夢想的な希望ではないと思います。どのような道を経て、あるいはどのような廻り道を経て、戦争が消えていくのか。それを推測することはできません。しかしいまの私たちにもこう言うことは許されていると思うのです。文化の発展を促せば、戦争への終焉《しゅうえん》に向けて歩み出すことができる！」。最後は戦争のない世界を渇望した言葉で終えていますが、ここで注目したいのは「文化の発展」という言葉です。「文化の発展を促せば、戦争への終焉に向けて歩み出す」とあり、文化の発展とは「平和教育」そのものであると理解しました。

人間は本を正せば「獣《けだもの》」から進化した動物です。したがって獣の頃の「獣性」が心の奥底に潜んでいるのです。この獣性を抑えるために、教育と躾《しつけ》により円満な人間関係の基本となる社会性を身につけてきました。

人間らしさを身につけるには教育が全てです。しかし人間は視野が狭く目に見える範囲にしか心を配ることができません。したがって地球規模の交流がなされるようになると、地球規模での目に見えない他国の人々にまで心が追いつかず、獣性である「エゴイズム的な心」を優先してしまい、「自分の国さえ良ければ良い」、「他国のことはどうでも良い」となってしまうのです。これを乗り越えるには、平和教育を行う以外に方法はありません。したがってフロイトの「文化の発展」とは平和教育を広く推し進めていくことと捉えるべきではないでしょうか。

この平和教育こそ、私が提案する、世界の民衆が連帯して推し進めようとする平和教育運動に他ならないのです。

〔16〕今、世界の政治体制の何が問題となっているのか？

今や世界は国をまたいで密接に結びつき、昔のように国内のみで単独で全てを行おうとしても、人の交流、物の交流、お金の流れ、経済の交流、情報の交流、文化の交流が複雑に絡み合い、世界が一つの国の様相を呈しています。もはや現代世界は一つの国として、地球という一つの国として機能しています。

したがって全世界を統治する機能がなければ、国同士の対立が起きても、これを平和裡《へいわり》に和解させることはできないのです。

現在の世界の国々は、自国の利害だけにこだわり、地球レベルで世界を俯瞰できず、世界的な課題について無関心であるばかりでなく、問題解決への行動が敏速に取れていないのです。世界の多くの政治家も自国の利害だけに執着して、世界全体を見る目を持つことなく、ひたすら自国のことしか考えられない政治家になってしまっています。したがって世界レベルの問題を解決しなければならない場合が起きても、現在の政治家の守備範囲を大きく超えてしまい、積極的に問題を解決する義務も責任もないことになります。国内の問題を解決しなければならない時は、政治家自身が解決しなければならない義務と責任がありますから、一生懸命に努力するのです。しかし世界規模のテーマとなりますと、解決する義務も責任もありませんから、熱心になれないのです。つまり世界規模の問題に対して解決するための制度がないことを意味します。このように制度面に不備があるために誰も熱心になれないのです。譬えて言うならば、アメリカの州の政治家は、州内のことを考え、州内に起きた問題を解決すれば良いのです。アメリカ全体の問題点が出てきたとしても、それは州の政治家のすることではなく、その義務も責任もありませんから、国全体のテーマについては熱心になれないことになります。

それはあたかもアメリカの全五〇の州をまとめる、アメリカ合衆国連邦政府がない状態です。このような状態だったとすると、各州の利害が対立して争いばかりが起きますが、国全体の法律がなく、紛争を裁く裁判所もなく、刑罰に処する司法もないわけですから、アメリカ全体で争いがなくなるわけがなく、永遠に平和になることはできません。

今世界はこのような状態で、世界を統治する政府がなく、法律も存在せず、法律を作る立法府もなく、法で裁く裁判制度もないのです。したがって世界の各国がお互いに非合法的なことをしても、これを裁くこともできず、権力者が好き勝手なことをしても、これを裁くこともできません。世界全体に影響する重大なテーマがあったとしても、これを解決しようとする人もいないばかりか機関もないのです。つまり世界全体を統治する機能がないのです。国連という組織はありますが、各国の政治体制がそのまま反映される組織ですから、なんの拘束力もなく、各国の利害がぶつかり合い、紛争を抜本的に解決する力はありません。拘束力もないわけですから、従う必要もなく、したがって無力なのです。

これは世界の各国の歴史を振り返った時に、かつては国全体を統治する政府はなく、国内の小さな地域の権力者がお互いに争っていた状態に似ています。現在の世界は、かつての各国が無政府状態で争っていた時代に全く似ているのです。

国に法律がなければ、そして裁判制度がなければ、国は乱れてしまいます。現在の世界の国全てから法律をなくし、裁判制度がなくなり、国を統治する政府がなくなったらどうなるでしょうか。国は乱れて収拾がつかなくなります。これと同じ状態が、実は現在の世界の現状なのです。世界連邦政府を樹立しない限り、絶対に世界に平和は訪れません。

したがって世界全体の問題点を解決するためには、世界全体を統治する政府が必要になり、立法（国会）・行政（内閣）・司法（裁判所）を備えて、全世界の国を統治する必要があります。そして世界連邦政府の政治家は、全ての国が栄えて、全世界の人々の幸せを実現することを義務とし責任を持つことになります。これが完成することで世界の国々に対しても、どこの国の権力者に対しても拘束力を持つことになり、刑罰に処することもできますから、世界は秩序が保たれ、円満に機能することになります。

前述したように、世界には重大な問題が山積しています。これを至急解決しないと取り返しのつかない重大な局面を迎えてしまいます。そこで二〇三〇年までに全世界を統治する政府を樹立し、立法、行政、司法を整え、早急に山積した問題の解決に当たるべきではないでしょうか。

二〇三〇年までに樹立しないと、重大課題が手遅れになってしまうからです。自国の利害にばかりこだわっているうちに、石油資源などが枯渇して、現代文明は足元から崩壊しかねないのです。今から一〇〇年前の生活に戻らなければならないかもしれません。この危機を何としても乗り越えなければなりません。

前述したように、この「世界連邦政府樹立」の提案を現在の政治家に話しても、振り向いてもくれないでしょう。

そこで私たちは、最も有力な手段を使い、政治家をコントロールして、平和主義を掲げる民衆の英知を結集し、民衆の望む政治を世界に展開させるべきです。

世界の多くの民衆が団結し、三億人、五億人、一〇億人と増えることにより、「世界連邦政府を樹立させる」ことに賛成し、私たちの望む「世界の重大課題を推進する」ことに賛成する政治家だけに投票するのです。政治家は投票権を持つ多くの民衆の言うことは聞かざるを得ないのです。つまり私たちは一人一人の投票権という武器により、政治家を教育し、政治家をコントロールすることが可能となります。そして民衆の力により平和な世界を作るのです。民衆の力により政治家を動かし、世界の重大な課題を解決させるのです。そして民衆の言うことを聞かない政治家を追放するのです。民衆を苦しめる政治家を追放するのです。

そのために社団法人「peace・peace・peace」を立ち上げ、多くの民衆の力を結集して二〇三〇年までに「世界連邦政府樹立」を果たしたいのです。是非絶大なるご支援をお願いいたします。具体的な推進方法は後述します。

世界的にはデモにより政治を動かそうという動きがあり、例えば「地球温暖化」に危機意識を持ち、有効な対策を行うように世界各地でデモ行進しています。しかしこのような方法は直接政治家を動かす力にまでは至っていません。

世界の民衆が「peace・peace・peace」を基に、国ごとに地域ごとに組織を作り、団結してSNSを最大限に活用して、直接政治家を動かす力を行使することです。協力しない政治家には次回から投票しないようにすれば良いのです。政治家は落選が怖いから有権者の言うことを聞かざるを得なくなります。このように政治家を直接動かすことのできるような団結が必要なのです。

［17］

中国の脅威の解消

将来的に世界最大の脅威は中国になります。中国は経済や軍事力においても必ずアメリカを追い越す時がやってきます。その時に世界では、アメリカ圏と中国圏での激しい対立になることは間違いありません。もうすでにその兆候は現れているではありませんか。

特に中国は一党独裁の国で、言論の自由もなく人権のない国です。そして覇権主義を一層強めており、現在でも中国の意に沿わない台湾を必要以上に締め付けています。また香港《ホンコン》においても、香港政府が容疑者を中国本土に引き渡す条例を強行しようとしたために、香港市民は怒り、自由を勝ち取るために二〇〇万人規模のデモが繰り返されています。それほどに香港の人たちは、中国共産党のやり方に危機感を持っているということです。さらに二〇一五年に香港で、中国共産党に批判的な書籍を販売していた書店の関係者五人が失踪しましたが、これは中国当局に身柄を拘束されていたことが明らかとなり、一層香港の人々の警戒心が高まっているのではないでしょうか。さらに中国最高裁判所長官の周強院長は「三権分立と司法の独立を断固阻止する」と演説しました。検察も中国共産党に従属させる行為であり、中国共産党に逆らう者は皆悪者にされてしまうという恐ろしい考え方です。このようなやり方が世界第二位の経済大国で行われていることに対して、世界の政治家は民主主義国家に変えさせる努力をしなければならないと思います。

また信じられないことですが、ウイグル族一〇〇万人以上を強制的に施設に拘束し、思想統制を行っており、一党独裁政治がいかに恐ろしいことか思い知らされます。それればかりではありません。さらに恐ろしい出来事がありました。中国の健康推進団体である「法輪功」に対して、一九九九年に国家元首である江沢民が弾圧を加えることを決定し、罪もない一〇〇万人以上の人々を拘束し強制労働をさせ、こともあろうに生きている法輪功学習者の臓器を摘出して臓器移植ビジネスを行っており、国際的な臓器移植犯罪を犯しているのです。この犯罪は多数の証人が証言し動かぬ事実として中国当局を糾弾しています。法輪功学習者の投獄は数十万人〜数百万人に及ぶと言われ、看守からスタンガンによる電撃などの虐待や拷問が行われ、世界に衝撃を与えました。国連の専門機関は中国政府に詳細な調査を行うように現在も求めており、アメリカ連邦議会では迫害の停止を求める議案が可決されています。これらの事件についてアルゼンチンやオランダ、スペインなどで、江沢民らを「人道に対する罪」で起訴する動きがあり、二〇〇九年にはアルゼンチンでは江沢民などに対して逮捕状が出ています。

さらに卑劣な行為は国外の国々に対しても公然として行われており、経済的に貧しい小国に援助と称して多額のお金を貸して、こともあろうに労働者として中国人を派遣して、中国の資材で施設を作り、中国人を雇用して施設を運営する方法をとるという、援助とは名ばかりの詐欺まがいの行為を行っています。さらに多額のお金を貸し付けて、返済できないことを理由に、重要な利権を獲得することを行っており、まさにやりたい放題です。このままでは世界に対して、何をしてくるかわからない不気味な存在です。

また従来から中国が推し進めてきた経済圏構想の「一帯一路」について、二〇一八年に大きな変更を加えて、従来は中国より西側のユーラシア大陸に限定していたものを、一気に拡大して、中南米カリブ海諸国、南太平洋諸国、北極海にまで拡大し、アメリカを包囲する構想へと拡大したのです。まさに全世界を思いのままに動かしたいという、危険な野望が実現されようとしています。

一帯一路構想に加盟した国は既に一二六ヶ国に上り、国連加盟国一九三ヶ国の六五％にもなります。更にＥＵ加盟国二八ヶ国の中で一三ヶ国が覚書を取り交わしています。中国国内では、中国共産党に異議を唱えるものは全て逮捕されます。しかし中国は世界で経済的に優位に立ち、経済的に貧しい国を属国化させようとしています。中国の意に反する国に対して、強い圧力を加えて、南沙諸島を奪い取ったようなやり方をしてくる恐れがあります。これは今までの中国のやり方を見れば一目瞭然です。決して経済効果があるからとして安易に中国と組むべきではないでしょう。

したがって中国の脅威を取り除くためには、世界の多くの国が団結し中国を抑え込む体制を早急に作り上げる必要があります。そしてさらに言論の自由と人権を認めさせる必要があり、民主主義体制に移行させなければなりません。そのためには多くの国が団結して民主主義国家に移行することを要求し、この要求に応えないようであれば、全世界の国が一致団結して経済制裁を行い、民主主義国家に移行させることで、世界の安定を確保しなければなりません。但し民主主義体制に移行するのであれば、そして世界の平和を乱さないようになれば、全く問題はないのです。

中国が世界に対して暴挙を冒す前に、中国の拡張主義・覇権主義を抑え込む体制を作るとともに、民主主義国家に導く必要があります。その時間的余裕はそんなにありません。中国を抑え込むためにも「世界連邦政府樹立」は是が非でも必要なのです。

［18］平和への具体的な展開の方法

社団法人「peace・peace・peace」では、ここで指摘している多くの課題、即《すなわ》ち「世界連邦政府の樹立」、「環境破壊問題の解決」、「地球温暖化問題の解決」、「人口爆発問題の解決」、「食糧危機問題の解決」、「資源枯渇問題の対策」、「難民問題の解決」、「貧困問題の解決」、「貧富の差の是正対策」、「核廃絶と軍隊の解体」、「中国の脅威を解消」の十一項目を世界の大きな問題と捉え、多くの会員を作り、世界の会員（民衆）がこのテーマを学び、世界に一大平和教育運動を起こすことになります。そして世界の世界のあらゆる国の老若男女が、誰でも簡単に学ぶことのできる本と動画の教材を開発します。

会員が学習して試験を受けることで、何階級もの資格を取れる制度を導入します。そして小さな範囲の講座単位で解説のできる講師を多く育成します。

そして会員を増やすための方法を二通り採用します。

一つ目は企業を対象とした法人会員、二つ目は一般の市民を対象にした市民会員です。市民会員は三ヶ月以内に三人の会員を作り、その紹介された三人はさらに三ヶ月以内に三人の会員を作ります。すると一人の会員が入会して七ヶ月目で一三人の会員に増えることになります。世界の課題解決を、手遅れにならないように早めるためにこの方法を採用する以外にないのです。

法人会員も、三ヶ月以内に法人会員を三企業作ることとします。そして市民会員と同じように紹介された法人会員は、三ヶ月以内にそれぞれに三企業の法人会員を作ることになります。法人会員には従業員がたくさんいますから、その従業員は市民会員として登録され学習して活躍することになります。

このようにして市民会員と法人会員が、相乗的に増えていくことになります。そして二〇三〇年までに世界で一〇億人の会員を作ることを目標においております。

会員には会費を納入してもらいます。市民会員は月額三〇〇円以上をお願いし、法人会員は月額一万円以上をお願いすることになります。

この貴重な財源は「peace・peace・peace」の運営に使われますが、さらに、直ちに「世界連邦政府」の憲法と法律を作るために使われ、また多くの課題解決のためにそれぞれの専門家集団を作り、ここで解決策の提案をしてもらいますが、このための資金にも充当させていただきます。したがってかなりの会員数に増えた時点では、すでに解決策は作られており、「世界連邦政府」が作られた時点ですぐに、実行に移される準備は整っていることになります。

世界中に会員が増えますと、地方議員・国会議員に対し、世界の課題十一項目を受け入れ、行動に移すように要求します。この場合政党の所属に関してはこだわりません。受け入れない議員には会員は投票しないこととします。

受け入れた議員に対しては、議員一人に対して三人の会員が監視員として活動を監視して、十一項目に沿って行動していないと判断した時には、今後投票をしないこととします。なお監視員が誰かについては秘密扱いとなります。

会員が増えてくると、賛同しない議員は落選しますので、自《おの》ずから賛同する議員が多数を占め、世界を俯瞰して何が問題でどうすれば解決できるのか、議員の間でも意識が高まり、この動きが世界同時に行われますから、多くの議員も解決へと動き出すことになります。また各議員に対しては、十一項目をどのように解決していくのか提言書を毎年一回提出させ、意識を高め行動へと駆り立てます。

なお十一項目以外にも国により、地域により多くの課題がその時々に起こりますから、その課題も解決していかなければなりません。これについてはどのように対処していったら良いのでしょうか。

このような場合を想定して、「peace・peace・peace」では、国レベルと地域レベルで、各分野の専門家集団を組織します。

まず国レベルでは、

●「経済対策」

●「エネルギー対策」

●「雇用対策」

●自動車・エコカー・航空機・産業用ロボット・工作機などの「自動

車・機械・造船」

●テレビ・カメラ・家電・携帯電話・電子部品などの「電気・精密・通信」

●発電・燃料電池・スマートグリットなどの「環境」

●SNS・動画通信・旅行・ホテル・映画・音楽・印刷・新聞などの「エンタメ・メディア・コンテンツ」

●鉄鋼・非鉄金属・ガラス・セメント・紙・繊維・化学などの「素材」

●医薬品・医療・農業・化粧品・アルコール・食品などの「医薬・食品」

●百貨店・コンビニ・商社・スーパー・電子マネーなどの「流通・小売」

●ホームセンター・ドラッグストア・スポーツ関連・家電量販店・外

食・家具・生活雑貨などの「専門店」

●空輸・海運・陸運・鉄道などの「運輸」

●電力・ガス・石油・レアメタルなどの「エネルギー」

●建設・住宅機器・不動産・マンションなどの「建設・不動産」

●銀行・証券・生命保険・リースなどの「金融」

●警備保障・人材サービス・教育・介護サービス・保育サービス・冠婚葬祭などの「サービス」

●大学・弁護士・コンサルティングなどの「その他」

などに大きく分類し、国家の目指す五〇年先、一〇〇年先の目標を定めて、各分野をどのように進めていくのか具体的な戦略を練り、各分野ごとに目標に向けて計画を立てます。

国家レベルの計画に沿って各地方でも、五〇年目標、一〇〇年目標に沿って、各分野ごとに計画を作ります。

この五〇年計画、一〇〇年計画は政治家が作るのではなく、民間の専門家集団が作ります。政治家はそれぞれの分野の専門家でない人が多く、適切な政策を立てることができません。ですから政治家以外の専門家により、「peace・peace・peace」が中長期の計画を立てます。

この適切な計画に沿って、政治家が将来の世界の動向を見ながら、さらに適切な計画を練り政策に落とし込み実行することになります。このようなシステムを作ることで、民衆の要求する政策が実行されることになり、政治家に振り回されるのではなく、政治家をコントロールする体制が確立することになります。

またタイムリーで様々な課題に対して、「peace・peace・peace」がSNSで会員にアンケートをとり、政策の追加・修正・変更を政治家に要求することにより、タイムリーに民意が政治に生かされることになります。これこそまさに理想的な民主主義政治と言えることとなります。政治家の独りよがりの暴走を防ぐことができます。そうすることにより、民衆が真に歓迎している「平和で幸せな生活」が実現することになります。

また現在、世界的に行われている選挙制度ですが、四年という短い期間で選挙が行われるので、選挙対策のために、本来の政治活動がおろそかになることは避けられません。

そこで基本は終身制として、五年に一度一人一人の政治家の評価を行うことにします。この評価制度は「peace・peace・peace」が選んだ任意の評価委員で、絶えず政治家の活動をチェックしていますから、一定の評価基準に達していない議員には警告を発して、それでも改善されない場合は議員の権利を剥奪することになります。このように身分を安定させてあげないと、優秀な人を議員として獲得できないことになってしまいます。また誰でも雇用が安定しない仕事は嫌いますし、腰を落ち着かせて議員活動ができませんから、議員の雇用を安定させるべきです。また問題と思われる議員については、即時に議員剥奪の採決を、国民からSNSで行うことも可能となる制度も取り入れるべきです。さらに議員一人一人に専門分野を義務付けます。専門分野を持たない議員が簡単に国民の期待に応えることは不可能です。例えば農作物、家畜農業、漁業、経済、エネルギー、雇用対策、医療、福祉などのように多くの専門分野を設け、専門分野別に均等に人数を振り分けることで、分野ごとの詳細がわかる議員により、的確な政策が作られるのではないでしょうか。

「peace・peace・peace」の運営は、都道府県ごとに本部、支部、地区、ブロックの組織を作り、責任者を定めエリア戦略を重視して推進させていきます。末端組織の地区の運営が最重要となります。どの地区でも人口の三〇％以上の会員数を目指していきます。

月に一回の勉強会を開催し、勉強会の前に地域のゴミ拾いを行い、清潔な地域づくりを目指していきます。会場は一般家庭を使いますが、狭い場合は法人会員の事務所を借りて行います。

教材には、「世界の課題十一項目」の学習教材を使いますが、全員が最高ランクの資格を目指して学習します。またそれぞれが講師となって解説を行い、ここで訓練を行います。また会員を増やすための戦略を練り、映像を使った映写会も頻繁に行い、会員を次々と増やしていきます。

毎月一度会員は繁華街に出て、デモ行進します。腕にはブルー、黄色、緑色のステッカーをつけて行進します。黄色は大地、緑色は森林、ブルーは空の色を表します。またブルーは「世界連邦政府の樹立」を意味し、緑が「世界の課題十一項目」の問題解決を意味し、黄色は民衆が政治体制をコントロールすることを意味します。そして歌を歌いながら行進します。

「人類にいよいよ夜明けの時が来た！
世界連邦政府を作ろう！
平和な世界を作ろう！
世界の難問を解決しよう！
民衆が政治をコントロールしよう！
あーあー、
夜明けの時が来た！
あーあー、
夜明けの時が来た！
あーあー、

人類が夢に見た平和な世界を作ろう！」

この歌は世界共通にして行進し、士気を鼓舞します。

そして会員が一定以上になったら、前述したように地域選出の議員に対して、「世界の課題十一項目」を受け入れるように説得します。受け入れた議員に対しては、毎年度十一項目を実現させるための提言書を提出するように要請します。そして活動をしているかどうか、監視体制をとります。

さらに会員から十一項目の解決を実現できる提言書を募集して、地区↓支部↓本部↓全国本部へと選んで県単位と国単位で表彰を行い、国レベルで提言をまとめます。世界全体で再びまとめて、提言を生かす形をとります。このような動きを世界レベルで推進することとなりますので、会員は世界の会員の提言を知り、さらに張り切って推進することになるでしょう。

世界的に会員がある程度増えてきたら、各国の著名な方、芸能人、ミュージシャン、スポーツ選手などにも協力を要請します。このような有名人の応援により、一段と会員の数は加速度的に増えていきます。このようにして世界で一〇億人の会員を作ることになります。

［19］荒唐無稽な話に聞こえますが

唐突に五億とか一〇億の会員を作ると言われますと、「なんと荒唐無稽なことを言うのだろうか」といぶかる方が大半だと思います。それは無理からぬことと思います。しかし根拠なくして言っているのではありません。私の訪問販売、店頭販売、通信販売の経験と、それ以外に短期間に世界一九二ヶ国に広まった世界的な組織の一員として、貴重な経験をしてまいりました。ですからこれらの経験を活かせば、たやすいことではありませんが決して不可能なことではありません。会員拡大に向けた方法について大まかに説明をいたします。

私は法人会員のことを説明しましたが、成功のカギを握るのは実は法人会員なのです。日本にたとえて説明しますと、従業員二〇人以上の会社数は約五八万社あります。この中から世界連邦政府樹立に賛同し行動してもらえる経営者を一万社作ることからスタートします。つまり五八社に一人の経営者に賛同してもらえば良いことになります。割合からしたら一〇〇〇人の経営者の中で一七人賛同してもらえば良いことになります。一万社と言うと大きな数に感じるかもしれませんが、四七都道府県で割りますと、一都道府県あたり二一二社になります。アメリカならば五〇州ありますから一つの州では二〇〇社の経営者を作れば良い訳です。このように考えると意外に少ない数に見えてきます。

一人の経営者が三人の経営者を法人会員として紹介しますから、3人↓9人↓27人↓81人↓243人となります。スタート時点で一〇人から開始しますと30人↓90人↓270人となります。そんなに困難なことではありません。このようにして全国に一万社の経営者が結集できます。

一社当たり平均して社員が三〇人いると仮定しますと、全国で三〇万人が結集できることになります。経営者は社員に対してこの本を配布して読んでもらい賛同者を募ります。そして社員一人ひとりが平和教育を学び理解できてから、一人が三人を紹介する連鎖を開始します。30万人↓90万人↓270万人↓810万人↓2430万人↓7290万人と驚異的に増えていきます。何事も計算通りにはいかないものですが、急速に増えていく方法であることを理解していただければ良いのです。そして三ヶ月に三人を紹介しますから、短期間のうちに膨大な数の会員が増えていきます。このようにして一ヶ国で三〇〇〇万人としますと、一〇ヶ国で三億人、二〇ヶ国で六億人、三〇ヶ国で九億人になります。

現在はネット社会ですから、思いもかけずに大きな反響が出ることがあります。スウェーデンの十代の少女、グレタ・トゥーンベリさんが地球温暖化に警鐘を鳴らし世界に大きな影響を与えました。グレタ・トゥーンベリさんに触発された世界の青年たちが中心となり、一六〇ヶ国の四〇〇〇万人の青年たちがデモ行進に参加したそうです。

もし世界連邦政府樹立についても、このようにSNSを通じて世界に拡散するようなことになれば、加速度的に大きな盛り上がりを見せることとなり、さらに著名な人々が参加することにより、予想を超えた劇的な動きとなり、世界連邦政府の樹立が実現する可能性も秘められているのです。この大きなうねりの中で世界の至る所で偉大なリーダーが現れ、世界平和へと大きくリードしてくれることを私は期待しているのです。

世界平和実現と世界の諸問題を解決するためには、今まで私が述べてきたように民衆が立ち上がり団結する以外に方法はありません。崇高なる目的に向かって人生を賭けてみたい若者達よ、社団法人「peace・peace・peace」に集おうではありませんか。

巻末のメールアドレスにお便りをお待ちしております。

さらに世界連邦政府を樹立する方法は一つとは限りません。前述した方法にプラスして以下のような方法も考えられます。

その方法とは、「世界連邦政府樹立準備委員会」を作ります。そして国会議員、地方議員、有識者にこの本を送り会員を募りますが、これに法律家、経済界の代表、スポーツ界の代表、ミュージック界の代表を加えて、国を挙げての機運を高めていきます。

一方地方議会では、世界連邦政府樹立の提案を可決して、世界連邦政府樹立都市として宣言し、その数が増えると同時に最終的には国会でも可決して、世界連邦政府樹立を宣言する国として世界に発信していきます。

一方経済界では、資源の枯渇問題に対して至急対策を立てるように政府に働きかけるために、多くの企業の署名を集めていきます。これと同時並行でそれぞれの企業も世界連邦政府樹立宣言を行っていきます。世界連邦政府樹立と資源枯渇問題解決に向けて推進するように、全国で二〇万社以上の署名を集めて政府に要望書を提出し、政府は本格的に資源枯渇対策に乗り出すと同時に、世界連邦政府樹立を推進していくこととなります。特に資源枯渇問題の解決に向けて、至急、世界のすべての国が参加して、世界的な組織を作り動き出すべきです。

このように様々な方法を実行して、世界連邦政府樹立を推進していきます。世界の多くの国で同時に進行していきますから、世界的にも世界連邦政府樹立の機運は次第に高まっていきます。

特に経済界では、資源の枯渇、とりわけ石油と天然ガスの枯渇は、企業経営にとって死活問題であり、このまま放置することはできません。多くの企業経営者が賛同して熱心に取り組んでくれることでしょう。

[20] 世界連邦政府案

世界連邦政府の世界本部は、世界で最初に原子爆弾を投下された広島市の、平和記念公園内または隣接地とします。

世界をアジア地域、ヨーロッパ地域、北アメリカ地域、南アメリカ地域、オセアニア地域に分けて世界連邦政府のエリア本部を作ります。エリア本部で解決できるものは、エリア本部でそれぞれに解決し、世界全体に関するテーマは世界本部で扱うことになります。

世界連邦政府の議員は、五つのエリア本部の議員を兼任しており、それぞれのエリア特性を熟知した議員が、世界全体のテーマについて話し合います。これらの議員は企業経営経験者をメインとして選ばれることとなります。なぜ企業経営経験者かと言いますと、国を統治することも、より大きな世界を統治することも、全ては経営することになります。収入と支出のバランスを整え、問題箇所をいち早く発見し、すぐに解決することはすでに経験済みです。

私が取り上げた世界の大きな課題十一項目以外にも、世界にはたくさんの問題点が内在していることでしょう。これらの問題点をいち早く発見して、即座に解決してくれることでしょう。そのような意味で企業経営経験者が最適と考えられるのです。経営者は顧客満足を第一として顧客を大切にする経験を持ち、株主にもステークホルダーに対しても満足してもらう経験をしています。譬えて言うと顧客は世界の多くの国々と国民であり、株主は資金を拠出する国家であり、ステークホルダーは世界連邦本部を支える多くの支援者です。さらに経済的に収支のバランスをとる経験が豊富で実行力に富んでいる企業経営経験者は、世界の政治を司《つかさど》るには最適な人々なのです。既存の政治家は既存の悪癖を持ち込む危険性があるので、排除しなければなりません。名誉のために議員をするのでもありません。

世界の国家を豊かにし全世界の国民を幸せにするという成果を出すために議員になるのです。その他に専門分野の学識経験者も議員に選出し、専門家としての意見は貴重になります。これらの議員は終身制として初選出以降、選挙は行いません。但し前述したように一人一人の議員を監視する制度を作り、成果の出せない議員は辞めてもらう制度とします。あくまでも成果主義を優先します。

「世界連邦政府」ができると、国連はその役目を終え解散して、「世界連邦政府」が必要な機能だけを引き継ぎます。国連の職員は必要な職員だけを絞り込み、職員にも成果主義を導入し、活性化した組織体を作ります。国連の予算はそのまま「世界連邦政府」が引き継ぎます。

「世界連邦政府」は、憲法、法律を定め、立法の議会を置き、行政を行う内閣を置き、裁判所を管轄する司法を設置します。これにより世界各国を統治することになります。国の最高権力者と言えども、世界の法律に抵触すれば、厳しい刑罰を処せられることになります。したがって世界の国々は世界の法律に従って政治を行わなければなりません。

世界の軍隊は全て解体しますが、五つのエリア本部内には最低限の軍備を持ち、テロ行為やその他の危機に備えます。軍隊を解散させるためには、五年間にわたり段階的に削減していきます。当然監視団を派遣して監視します。これに従わない権力者に対しては、厳罰に処することとなります。

しかし「世界連邦政府」に賛成しない、独裁政権の国、例えば中国や北朝鮮などが加入しない場合には、世界中の国が協力して経済制裁を加え、強制的に加盟させるようにします。

今までは、国同士が対立すると軍備を使った紛争・戦争を起こしましたが、今後は軍事行動を起こさずとも強力な経済制裁という武器がありますから、今後は戦争のない歴史へと転換できるのです。人類の最大の悩みであり、愚かな行為であった戦争はこのようにして収束することになります。

二〇一八年の世界の軍事費は日本円にして、一八七兆一四六八億円という膨大な金額になります。日本の二〇一九年の予算が一〇一兆四五六四億円ですから、日本の国家予算の一・八四倍であり、このお金を平和利用に使うことで、どれだけ庶民は救われることでしょう。

特に石油や天然ガスの枯渇が間近に迫っていますから、代替エネルギーの開発は急務です。電力が不足すると一〇〇年前の生活に逆戻りをしてしまいます。

また石油を原料にした製品を作れなくなれば、前述したように、社会に大混乱を招くのは必至です。社会を動かしている基盤が失われてしまうのです。これらの代替品を開発できないと、社会基盤は穴ぼこだらけになります。早急に軍事費の一部を投入して開発を急ぐべきです。その他の多くの課題についても軍事費を平和利用に変え、解決へと手を打つべきです。

これからは軍事費を平和利用に使う時代へと大きな変化を遂げる時です。このような世界が当たり前の世界で、今までが異常だったのです。悪夢を見ていたのです。冷静に考えれば、軍事費を使わないことは当たり前のことなのです。

このようにして世界は大きく転換し、武力を平和的武力に転換し、戦いから話し合いに移行し、軍事費を平和利用に使う新しい世界が見えてきます。

「そのような理想社会は、そんなに簡単にできるものではない」このように言われる方もおられるかもしれません。しかし過去を振り返れば、歴史が明確に教えてくれます。どこの国も過去においては内戦状態にあり、その当時の人々は現在のような平和な国になろうとは想像も及ばなかったことでしょう。ですから混乱する現代においても、「平和な世界などとてもできない」と思うことでしょう。でも歴史が教えているように、必ず私の言うような平和な世界はやってきます。いえ、やってくるのではなくて「作る」のです。作れるだけの機運は熟しています。あとは行動あるのみです。もう、すぐそこに平和の足音が聞こえて来るではありませんか！

[21] 戦争を起こす本当の原因

暴力を振るうことは許されない

私たちは小さな子供の頃から、「喧嘩《けんか》をしてはいけません」と親に言われて育てられました。口喧嘩ならまだしも、相手に暴力を振るうことになれば、親も教師も登場して大変な騒ぎになります。

教師でさえ、子供に体罰を与えるようなことがあると、保護者が黙ってはいません。大きなニュースとなり、TVで放映され大変な騒ぎになります。このような環境の中で生活をしていますから、日常生活でも、暴力を振るうことなどとても考えられません。相手に肉体的にも精神的にも苦痛を与えることはタブーとされています。

でも戦争では人を殺している

しかし不思議なことに、政治の世界では平気で多くの人を殺し、いまだに戦争を起こし紛争は絶えません。軍隊を持ち人を殺すために強力な兵器を用意し、人類を何度でも殺戮できるほどの、また敵国の国民を皆殺しにするほどの核兵器を保有し、激しい対立の中で、人類の生存の権利を脅かしています。

暴力を振るってはならないという、一般庶民の常識に反して、極悪の行為である戦争がなぜ起きるのかその原因を考えてみたいと思います。

誰が戦争を起こすのでしょうか？

どこの国の庶民も、自身と家族の幸せを願い生活をしています。決して戦争を望む人はいません。戦争は、いつも権力者により引き起こされます。そしていつも犠牲になるのは庶民です。したがって権力者こそ戦争犯罪人であり、権力者の暴走を何としても食い止めなければなりません。

なぜ戦争が起きるのでしょうか？

戦争が起きる理由は以下の通りですが、これは表面上の理由に過ぎません。

- 経済的理由（富を守るため・得るため。利害の不一致）
- 宗教的理由
- 政治的理由（資本主義対社会主義、民主主義対共産主義）
- 領土を拡張するため
- 主義主張が異なるため
- 民族が異なるため
- 国が異なるため
- 対話の欠如
- 平和思想の欠如
- 暴力で解決しようとする
- 感情のもつれ

●貧富の格差
●エゴイズム
●危険な思想

しかし本源的に戦争を起こすのは、以下の人間の本能に起因する理由によるものです。

戦争の原因をユネスコ憲章前文では、「戦争は人の心の中に生まれるものであるから、人の心の中に平和の砦《とりで》を築かなければならない」とあります。このように、まさに戦争は人の心を少し変えることにより、防ぐことができるとともに、平和な世界を作ることもできるのです。戦争を起こす心は、以下の六項目に絞られると思います。

闘争本能

人類がまだ「獣《けだもの》」であった頃には、生きていくには危険がいっぱいで、餌の奪い合い、メスの獲得合戦、敵との命を賭けた戦いと、食うか食われるかの激しい生存競争を繰り返してきたものと思われます。

その頃に獲得した闘争本能は、現在のように平和な環境の中でも、抑えることは難しく、相手を敵と認識して攻撃の対象として捉え、軍備をますます増強する方向へと進んでしまいます。

穏やかな性格の人でも、自分に危害が加えられそうになった時に、相手を敵と認識した場合は、とっさに相手を攻撃する態勢へと移行します。仮に危害が加えられない場合でも、相手を敵と認識した時には、闘争本能が起こり相手を攻撃するのです。このような闘争本能により、仮想敵を作り過剰に反応するようになります。

したがって人類を何度でも殺戮できるほどの核兵器をお互いに保有し、常識的に考えれば「なんと馬鹿げたことをしているのか」と思える、「気違い染みた」争いをしているのです。

この馬鹿げた行為に気がつき、軍事費を平和的利用に使えるまともな時代を早く実現しなければなりません。

帰属意識

人間は仲間意識が非常に強い動物のようです。小さい集合体として「家族」、それから「親族」、「部族」などでも集合体としての意識が強く働きます。

歴史的に見ても、小さな集合体から次第に大きな集合体へと移行していきますが、それぞれの集合体の結束は非常に強く、集合体のために命を賭けることを繰り返してきました。それほど人間にとって、自分の所属する集合体は重要な位置付けになっているのです。

したがって自分の所属する集合体のために、命を捧《ささ》げるという歴史を繰り返してきました。人間の命より集合体の方が価値が大きかったことになります。これは人間の本能の性《さが》であり、この性を乗り越えて、集合体より人間の命の方が尊いという、価値観の転換を持たなければなりません。

そのためには、「生命尊厳」の思想を持つことであり、また平和思想を学ぶことにより、生命尊厳の思想を学ぶことにより、戦争のない世界を築かなければなりません。

現在はそれぞれの国の内戦がほとんどなくなり、地球を舞台にした最終的な国家間の争いの時代になっています。是非国家の価値よりも、人間一人の価値の方が尊いという、「生命尊厳」の思想を学び身につける時ではないでしょうか。

この帰属意識は、「敵と味方」という考えに繋《つな》がっており、味方以外の集団を敵として認識してしまうという、人間の本能としての働きによるものと思われます。その結果「他の集団はどうなっても構わない」ということになり、「自分たちは大切だが、相手は不幸になっても構わない」というエゴイスト的な考え方になり、その延長線上に戦争が起きることになります。お互いに相手（敵）を倒す（殺す）ことをなんとも思わない、いやむしろ快感に感じるということこそ、問題の奥深さを表していると思います。相手（敵）を倒さないと（殺さないと）自分が殺されるからこそ、相手を倒すことに快感を感じるのでしょう。

人類はこの帰属意識を乗り越えて、「地球民族主義」という概念を根付かせていくことにより、初めて平和が訪れることになります。

自己防衛本能

人類は、「獣」であった時代に、生き抜いていくために具《そな》わった本能である、「自己防衛本能」を発揮して、厳しい生存競争を生き抜いてきました。

この「自己防衛本能」は、危険をいち早く察知して、攻撃態勢へと移行します。したがって平和な現代社会においても、この「自己防衛本能」により過剰な危険意識が働き、仮想敵国を作り、攻撃体制を整えて緊張関係を作り出してしまいます。

お互いに無意識のうちに、このような過剰反応が起きてしまいますが、これは人間の本能のなせる業ということになります。

仮にある国が軍隊を持つことの愚かさに気づき、軍備を完全に廃止しようと決意したとします。しかしどこかの国から攻撃されるのではないかという危機意識が芽生え、軍備を廃止することができないのです。これはまさに自己防衛本能によるものです。

でも仮に世界の法律ができて、攻撃を行った国は経済制裁の対象となり、その国の権力者が厳罰に処せられることになると、どうでしょうか。安心して軍備を廃止して莫大な軍事費を平和利用に回すことになるでしょう。このような世界の法律ができると、軍備をする必要がなくなり、必然的に世界中が軍備を廃止することになると思われます。

このように世界中の国が一斉に、段階的に軍備を縮小する方法をとれば、計画的に世界から軍備がなくなることになるでしょう。このような意味からも「世界連邦政府を樹立」して、軍事費を平和利用に使う日が一刻も早く来ることを願うばかりです。

支配欲・征服欲

人間には元来「支配欲」が具わっています。「人の上に立ちたい」、「大勢のリーダーになりたい」、「多くの国を従えたい」。このような人間の本能が多くの戦いを起こし、人類の歴史を作ってきました。

この支配欲が戦争の原因にもなっており、多くの権力者が世界を支配しようとして、多くの民衆の命を犠牲にしてきました。結局はいつの時代にも民衆が犠牲になってきました。したがって世界の権力者に平和学を学ばせ、生命尊厳の思想を身につけさせることが特に重要になります。

エゴイスト的な心

「自分さえ良ければ他人はどうでも良い」、「我が家が良ければ他人の家はどうでも構わない」、「自国が良ければ他国はどうなっても構わない」、このエゴイスト的な考え方こそ、人類を不幸へと追い詰める元凶に他なりません。

このエゴイスト的な心は「敵はどうなっても構わない」、「敵を殺しても構わない」という心に通じます。敵の一人一人にもかけがえのない大切な家族がいるのです。それなのに敵はどうなっても構わない、殺しても構わないという心はまさにエゴの心そのものです。

アメリカとロシアは大量の核兵器を保有しています。アメリカの核兵器は、ロシア国民を皆殺しにするためのものです。アメリカの権力者はロシア国民なら殺しても構わないという心があるからこそ、ロシアを攻撃するために大量の核兵器を持っているのです。

ロシアの権力者も同じことが言えます。このようなエゴの心を両国の権力者が持っているからこそ、平気で核兵器を持つことができるのです。

ではアメリカ国民の半分がロシアに住んでいるとしたら、アメリカは核兵器でロシアを攻撃することはできるでしょうか？　できないはずです。ということは、アメリカ人はアメリカ人だけが大切であり、その他の国民を殺しても構わないという心があるからこそロシアを攻撃できないのです。ロシアにも同様のことが言えます。

つまり自国民を殺すことは許されないが、他国の国民であれば殺しても構わないという考え方が、人類共通にあるように思えます。このエゴの心を人類が克服できなければ、いつまで経《た》っても平和は訪れません。

平和教育を学んでいない

人間は他の動物と異なり、理性に満ちた動物です。しかし全てが理性でコントロールされているかというと、そうではなく本能に翻弄されて、理性を失ってしまうという悲しい現実があります。

人間の歴史は一面から見ると、紛れもなく戦いの歴史でもありますが、人が人を殺す行為は理解しがたいことです。ましてや第一次・第二次の世界大戦は、八六〇〇万人もの人が殺された気違い染みた行為そのものであり、そして現在も、人類を何度でも殺戮できるだけの核兵器を保有して、平然としている姿こそ殺人鬼そのものです。なんと人間は愚かな動物なのでしょうか？　この現実は、人間の本能とも言える「闘争本能」、「帰属意識」、「自己防衛本能」、「支配欲・征服欲」、「エゴの心」のなせる業です。

人間が本能に打ち勝つには、教育を受けることにより、知識を得て理性が働くことが必要です。道路が車で混雑しても、交差点では整然と信号に従い、何の問題もなく安全に運転することができます。これは全ての運転手が、道路交通法を学び、運転する上で「して良いこと悪いこと」を学び、理性に従って運転しているからです。

もし道路交通法を学ばなければ、自分勝手な運転となり、危険で、スムーズに運転することはできません。

また人間は、生まれてから何も教育しないで育てたらどのようになるでしょうか？　多分自己中心的になり、周りの迷惑など全く構わず、動物の本能のままに育ち、仲間と仲良く協調して暮らすことはできなくなるはずです。しかし実際には両親から「して良いこと悪いこと」を教えられ、学校に行き集団生活のルールを身につけて、立派な社会人に成長することができます。教育があるからこそ、人間は理性を持って生きることができるのです。

しかし実際には、どこの国においても「平和教育」が行われていないのです。戦争のない平和な世界がいかに大切であるかを学び、悲惨な人類の戦争の歴史を学び、平和な世界を築くために何が必要かを学び、軍事費を人々が幸せに暮らすために使ったら、どれだけ大きな貢献をすることができるのか、そして究極的には軍隊を持たない世界を築く必要があることを学ぶことにより、人類は境涯が次第に高くなり、平和な世界を作り上げる原動力となることでしょう。

現在はこのように「平和教育」を行っていないために、争いの絶えない世界になっていると考えられるのです。是非世界レベルで平和教育を行うシステムを確立すべきです。特に世界の多くの政治家は、この平和教育を必ず受けるようにすべきです。いつの時代も、平和意識の希薄な権力者によって戦争が引き起こされるからです。

［22］

経済が全てでしょうか？
ＧＤＰに代わる価値観を！

今の世界は、経済最優先の価値観が全てに優先され、覆い尽くされています。

ですから経済的に豊かな人が尊敬され、経済的に豊かな会社がもてはやされ、経済的に豊かな国が大国として仰がれているのです。

経済的に豊かであることに越したことはありません。でも経済だけが何にも優先されている価値観には大いに疑問を感じざるを得ません。私たちにとって経済だけが全てでしょうか？

私たちの生きる目的は何でしょうか？　突き詰めると究極の目的は、幸せな一生を過ごすことができることです。私たちが求めているものは「幸せな人生」そのものなのです。

自分が生まれて来た時に、両親はどのように願ったのでしょうか？　きっと「健康で幸せに暮らしてほしい」と願ったはずです。決して「お金持ちになってほしい」とは願わなかったはずです。

ですから目的は「幸せな人生」であり、「幸せな人生」は多くの要素で構成されることになりますが、その一つの要素に経済があるのです。私たちが生きる目的は経済ではなく、経済は幸せを叶《かな》える一つの要素に過ぎないのです。

しかし多くの国は、国の価値をGDPにより判断しています。果たして経済だけを国の価値を判断する指標にして良いのでしょうか？　冷静に考えると大問題です。

国家は国民一人一人の幸福を実現させるために存在しています。であるならば、国の価値は国民一人一人をどれだけ幸福にしているかを、一定の指標を使い表すべきではないでしょうか？　GDPだけで判断し、GDPだけを競うことは馬鹿げています。国民をどれだけ幸福にしている国であるかを競うべきです。

当然世界の国々は、国土の広さと人口により、経済の規模が必然的に決まることになります。ですからGDPだけで優劣を比較すること自体に合理性はありません。むしろ国民一人当たりのGDPで比較すれば、一人当たりの付加価値を生み出す力を判断することができます。しかしこの方法も経済効率を評価する指標に他なりませんから、これで国民の幸福度を測定していることにはならないのです。

企業の価値を判断する時も、売上や利益だけで判断すべきではなく、企業の永続性や安定性はもちろんのこと、社員に対する様々な待遇とか福利厚生、ステークホルダーに対する取引条件の内容、顧客満足の度合い、社会に対する貢献度などで測定すべきであるように、国家の価値も一つの経済の指標だけで測定すべきではありません。

例えばＧＤＰ順位では一位アメリカ、二位中国、三位日本ですが、国民一人当たりのＧＤＰ順位ではアメリカ八位、中国七四位、日本二二位となり、国のＧＤＰよりも国民一人当たりのＧＤＰの方が重要になります。また国民一人当たりのＧＤＰ順位では一位ルクセンブルク、二位スイス、三位マカオ、四位ノルウェー、五位アイルランドになりますので、これらの国の方が国民一人当たりは豊かであると言えます。

また国連の関連団体が発表している二〇一九年度の「世界幸福度報告」によると、一位デンマーク、二位スイス、三位アイスランド、四位ノルウェー、五位フィンランドになります。因《ちな》みにアメリカは一九位、中国は九三位、日本は五八位となります。

更にイギリスの調査会社発表の「地球幸福度調査」によると、一位コスタリカ、二位メキシコ、三位コロンビア、四位バヌアツ、五位ベトナムです。因みにアメリカは一一四位、中国は二〇位、日本は七五位になります。

このように国のＧＤＰと国民の幸福度には大きな開きがありますが、これから世界の国が目指すべきは国民の幸福度ではないでしょうか。

今後は世界共通の幸福度指数で競い合うことが、最も納得性のある評価方法と思われます。

それでは、一人一人の幸福度を評価する条件とは如何《いか》なるものでしょうか？　次に記します。教育、医療、福祉、住環境、自然環境、食料、衣類、スポーツ、娯楽、交通機関の利便性、エネルギー、国民一人当たりのＧＤＰ、仲間との連帯、家族、通信、労働条件、所得、平均寿命、環境破壊、軍事費、犯罪、人種差別、芸術、再生可能社会などの充足度で評価することになります。それに加えて老後の不安、子育ての不安などの不安感の有無、心の状態も評価の対象と考えます。

これらを総合的に評価する指数を決めて、世界で最も暮らしやすい国を目指して努力することになります。

今後はＧＤＰに代えて、このような「幸福充足度」を、国を評価する最も重要な指標とすべきです。「peace・peace・peace」はこの考え方を積極的に推進してまいります。

[23] 貧困問題をどのように解決するのか

現在、国際社会で問題になっているのは、貿易不均衡により富める国はますます豊かになり、貧しい国はますます貧しくなっているということです。

対策としてはお金による援助より優先させるべきは、地域風土にマッチした産業を育成することです。貧しいながらもその地域で最も優れているもの、特徴のあるもの、個性に溢れているもの、またはその可能性のあるものを探し、特色のある産業を育てることです。しかもそれらの産業は付加価値のあるものに作り上げる必要があります。

いつまでも低賃金に泣かされることのないように、三十年先、五十年先の目標を定めて計画的に推し進めていく必要があります。そのためには先進国がアドバイスや支援を行い、本格的に推進する必要があります。

現在では多くの国は、世界の貧困問題を解決しなければならないと考えていると思われます。しかし考えているだけで行動に移すことができないでいます。その理由は前述したように、どこの国もその責任もないし義務もないからです。従って責任を持って根本解決をしようとする人がいないのです。どこの国も自国のことで手一杯になり、後回しにしているのです。ですから根本解決の方法は、「世界連邦政府」を作り、その政府の中に貧困問題を解決する専門部署を設けて本格的に動き出すことです。世界各地の地域ごとの戦略を作り計画的に推進することができます。しかし先進国型の近代化を推し進めることは慎重にすべきです。その地域の独特の文化を継承する方法を考慮すべきでしょう。一方的に西洋式の文化を押し付けるべきではないと思います。

例えば、世界一暑い地域である、ジブチ共和国の砂漠地帯で生活する遊牧民は、大きな石ころの大地と山しかない不毛の地で暮らしています。作物は何も栽培することができず、三十分も歩かないと飲み水を得ることはできません。

しかし彼らは、「何一つ不足なものはない」、「自由がある」、「自分のやり方を貫くことができる」、「外から干渉されない」、「私たちの幸せは、この土地以外にはありません」。このように話し、幸せに暮らしているのです。

彼らに西欧文化を押し付け、独自の文化を破壊する権利は誰にもないのではないでしょうか。様々な文化があり、様々な価値観があり、様々な生活様式があって良いのではないでしょうか。便利で快適な生活をすることの代償は大きいと思わずにはいられません。

現在の世界の政治体制では、貧困対策を本腰で行おうとする姿勢は見られません。産業育成の専門家を多数派遣して、各地域の将来に向けた戦略を作り、人・モノ・金の準備と計画づくりが大切になります。また先進国からの企業誘致を積極的に行い、取《と》り敢《あ》えず衣食住に困ることのないインフラづくりを進めるべきです。そのために先進国からの資金援助も是非必要になります。マイクロクレジットの幅広い導入も行い、経済の活性化を促すことも重要であると考えます。

［24］

企業経営者の偉大な使命

世界のあらゆる産業の多くの企業経営者は、当然規模の大小を問わず経済活動の根幹を支えています。多くの企業が存在することにより、私たちの生活を支えるあらゆる製品・サービスが提供されています。

そして何よりも企業で働く人々に給与をもたらし、家族を養うという全人類の経済的基盤を支えていることを考えますと、企業経営者に感謝せざるを得ません。そのような意味から私たちは企業経営者に改めて感謝すべきではないでしょうか。

その尊敬すべき企業経営者に、私はもう一つの重要な使命を果たしていただきたいと念願します。

すでに、世界の多くの政治家には、「平和な世界を作る」ことも、「世界の重大な課題」も解決することもできないと述べてきました。

そこでこの重要な二つのテーマについて、世界の多くの企業経営者に実現する旗振り役を演じてほしいのです。企業経営者は地域社会のリーダーであり、地域社会の人々から尊敬される存在です。

私は企業経営者に「peace・peace・peace」の法人会員になっていただき、法人会員数を拡大して欲しい旨のお願いをいたします。私が提案しております「世界連邦政府樹立」といい、「世界平和」といい、「世界の課題解決」といい、成功するか失敗するかのカギは、ひとえに企業経営者に掛かっていると言えるのです。是非とも多くの企業経営者に参画していただき、強力に支援して欲しいのです。

企業経営者は、多くの社員の幸せを願って経営をしておられます。この「社員の幸せ」にもう一つ「世界の多くの人々の幸せ」を付け加えて欲しいのです。そして企業経営そのものが厳しい中で多忙を極めているものと推察いたしますが、その中のほんのわずかな時間を割いていただき、是非とも「peace・peace・peace」をご支援していただきたく重ねてお願い申し上げる次第です。

世紀の大偉業を成し遂げるために、後世に残る歴史を築き上げるためにも、未来の子孫を守るためにも、何卒《なにとぞ》よろしくお願い申し上げます。

是非ご自身の企業も法人会員に参画され、三ヶ月以内に三企業の法人会員を紹介いただき、さらに三ヶ月以内にその三企業の紹介者に三企業の法人会員を作っていただきたくご支援をお願いいたします。

さらに多くの社員の皆様方に、「市民会員」として参画していただければ鬼に金棒です。

企業経営者にとって資源の枯渇問題は深刻なテーマであり、とりわけ石油と天然ガスが五十年〜六十年後に間違いなくなってしまうことから、ほとんどの企業が倒産に追い込まれてしまうことでしょう。

至急、政府に対して、抜本的な解決策を研究するように要求しなければなりません。そのためには多くの経営者が団結して要求しないと、政府を動かすことは困難です。

また世界が平和で安定しないと、企業経営は不安定になり絶えず様々なリスクを抱えて経営しなければなりません。そのためにも平和な世界を作る必要があり、世界連邦政府が必要であり、何度も繰り返しますが、世界の立法（国会）・行政（内閣）・司法（裁判所）が機能して始めて秩序ある世界が作られるのです。

多くの国で同時にこのような動きがスタートできるように現在準備中です。何とぞご理解のほどよろしくお願い致します。

［25］終りに

様々な問題提起と解決策の提案をしてまいりましたが、人は誰でも平和な社会と幸せな生活を望んでいます。でも世界は政治家という特殊な人々により、人々が望む「幸せ」とは反対の方向に進んできました。その最たるものが第一次・第二次の世界大戦で、八六〇〇万人もの尊い命を犠牲にしてきました。

そして現在も世界各地で紛争と戦争は続き、人類を何回でも殺戮のできる核兵器を保有して、各々敵国全土を攻撃対象として照準を定めており、ボタン一つで何百万～何千万人の人々の命を奪い、巨大な都市を一網打尽に破壊することができます。

そして宇宙戦争の準備を行い、ＡＩ兵器の開発に余念がありません。何という愚かなことをしているのでしょうか？　私たちの市民生活においては、幼い頃から人に対して暴力を振るってはならないと教えられて育ってきました。そして平和な秩序ある市民生活を営んでいるのです。これが常識を持った社会人のあるべき姿です。

でも、しかし、なぜか、政治の世界だけはこのような常識が通用しないのです。政治家とは人間の姿をしているけれども、その本質は「悪魔」そのものと言わざるを得ません。その「悪魔」を私たちは選挙で選んでいるという、悲しい現実が見えてきます。結局国民は自分の首を自分で締めていることに気がつくべきです。

政治家は平和な世界を作り、国民を幸せにすべき責任と義務がありながら、現実には国同士が対立し争い憎しみ合い、その結果国民が苦しめられるという構図になっています。本来ならば世界の政治家同士が、平和な世界を作るために話し合い、解決していかなければなりませんが、そのような動きは全く見られません。私たちはもう政治家に任せておくわけにはいきません。
民衆が立ち上がり、団結して政治家を教育してコントロールしていく力を持たなければなりません。世界の人々が盛んに交流し、あらゆる物資が世界を行き交い、経済は密接に絡み合い、情報は瞬時に世界を駆け巡り、地球は一つの国のように機能しています。もう世界を一つの国として考え、世界の秩序を保つためにそろそろ「世界連邦政府」を樹立する時を迎えています。

そして過去においては、人々は自分の所属する団体である部族とか国のために命を捧げることが当たり前でした。人の命よりも部族とか国の方が大切であるという価値観でした。しかし現在は生命尊厳の思想が世界に浸透し、国の価値よりも国民一人一人の命の方が大切であるという価値観に大きく転換してきました。しかし世界の多くの政治家は、一人の命よりも国家の価値が優先するという過去の亡霊を捨てきれずにいるのです。そして更に自国の利益のためには、他国を犠牲にしても構わないというエゴの心を捨てることができないでいるのです。このような理由により、残念ですが現在の政治家に抜本的な改革を期待することはできないのです。世界の民衆が団結して政治の世界をコントロールしなければなりません。

現在の世界の諸悪の根源は、世界の憲法と法律がなく、立法（国会）、行政（内閣）、司法（裁判所）の機能がないことです。このような機能がないために、権力者は好き勝手を行い、相手国に被害を与えてもこれを罰することができないでいます。

このような根本的な改革は、今の政治家にはできません。今こそ世界の民衆が立ち上がり団結して、「世界連邦政府」を作ろうではありませんか。そのために私たちは特別なことをする必要はありません。三ヶ月以内に家族または友人の三人に「peace・peace・peace」へ入会してもらい、さらに紹介した三人が三ヶ月以内に三人ずつ会員を作ることだけです。この連鎖で会の拡大を目指していけば必ず成功できます。入会後には会員同士が平和学を学んでいけば良いのです。

一人一人にほんのわずかな努力をしていただくだけで、偉業を成し遂げることが可能になるのです。今こそ平和な世界を築く時です。立ち上がりましょう！　決意しましょう！　そして行動しましょう！

社団法人ピース・ピース・ピースに連絡を希望される方は、以下のメールアドレスにご連絡ください。

m.nishimura@handl.co.jp

西村峯満（にしむら・みねみつ）
長野県千曲市に生まれ、10歳の時に社長を志し、13歳の時にキューバ危機が勃発し、この時に「人は幸せを求めているのに、なぜ悲惨な戦争が起きるのだろう？」さらに「どうしたら世界平和が実現できるのだろうか？」真剣に悩み続けました。高校卒業後地元の医療機器メーカーに勤務して25歳で起業し、乳酸菌飲料の販売、健康食品の販売を経てイギリス生まれのマイクロダイエットに出会い、年商500億円規模の事業に育て上げました。7年間の闘病生活を乗り越え、航空機リース事業、全国に太陽光発電事業を立ち上げ、現在は世界平和の実現に向けて奔走しております。
サニーヘルス株式会社　会長
ハッピー＆ラッキー株式会社　代表取締役社長

戦争と紛争をなくすには、
世界連邦政府を樹立する以外にない
同時に世界の多くの課題も解決される

2020年1月20日　初版第1刷印刷
2020年1月25日　初版第1刷発行

著　者——西村峯満（社団法人ピース・ピース・ピース代表理事）
発行人——森下紀夫
発行所——論創社
〒101-0051　東京都千代田区神田神保町2-23　北井ビル
tel. 03(3264)5254　fax. 03(3264)5232
振替口座 00160-1-155266　http://www.ronso.co.jp/

ブックデザイン——奥定泰之
印刷・製本——中央精版印刷

ISBN 978-4-8460-1902-0